Helmar Matthias Bazinger

SCHÄTZE

Bildende Kunst & Architektur
Unbeachtete Werke in Wien entdecken

WiLD URB Kultbuch

verlag rittberger+knapp

Skulpturen auf der Plaza sowie im Gironcoli Kristall des STRABAG Hauses, 1220 Wien, Donau-City-Strasse 9, www.strabag-kunstforum.at

Die Informationen in diesem Buch wurden mit größter Sorgfalt recherchiert. Dennoch können Fehler nicht vollständig ausgeschlossen werden. Die Benutzung dieses Buches und die Umsetzung der darin enthaltenen Informationen erfolgt ausdrücklich auf eigenes Risiko. Verlag, Autoren und Lektor können für etwaige Unfälle und Schäden jeder Art, die sich bei Besuch oder Anreise zu in diesem Buch beschriebenen Orten ergeben, aus keinem Rechtsgrund Haftung übernehmen.

Alle Anreiseangaben ohne Gewähr.

Edition WildUrb
ISBN: 978-3-902999-49-8
1. Auflage April 2023

Autor: Mag. Helmar Matthias Bazinger
Lektorat: Loris Knoll BSc. (grüngrätzlwege.at)
Medieninhaber: Rittberger+Knapp OG, Verlagsort: Mödling
Hersteller: Finidr, s.r.o., Herstellungsort: Tschechien
Karten enthalten Daten der ©OpenStreetMap-Mitwirkenden/
www.openstreetmap.org (ODbL-Lizenz)

 Kommentare und Fragen gerne an:
office@rittbergerknapp.com

www.wildurb.com
www.rittbergerknapp.com

Inhalt

ONLINE-KARTE

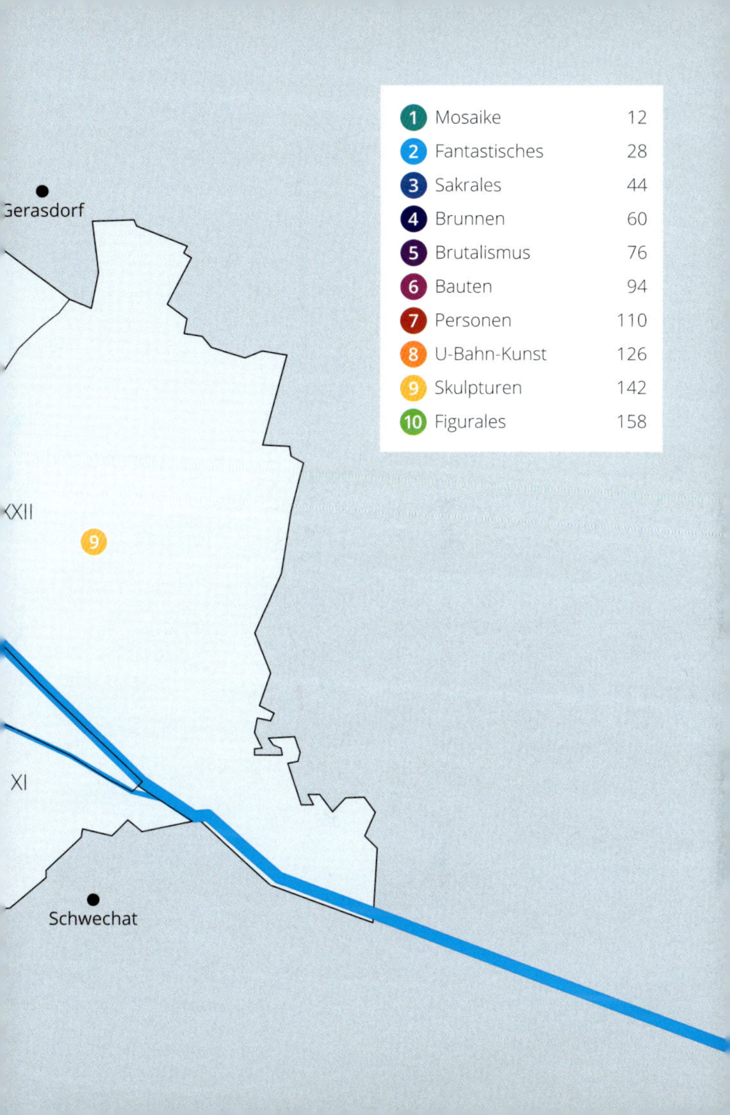
Gerasdorf
XXII
9
XI
Schwechat

Willkommen

Wien war und ist viele Städte: Eine römische, eine mittelalterliche und eine barocke, Hauptstadt des Heiligen Römischen Reichs und von Kakanien, ein politisches Zentrum Europas, eine Stadt der Bürger und des Kaisers, des Adels und des Volks, der Christlich-Sozialen und der Sozialdemokraten. Und so manche kulturelle und auch politische Bewegung hat ihren Ausgangspunkt in der Walzerstadt genommen. Und daher ist es auch kein Geheimnis, dass Wien eine reiche Stadt mit vielen Schätzen ist, die im Lauf der ebenso bewegten wie tragischen Geschichte Europas geschaffen wurden.

In diesem Buch geht es um die Schätze, die nicht auf der Grand Tour der Stadtbesichtigung liegen. Natürlich existiert ein Kanon der wichtigsten Sehenswürdigkeiten für den Touristen, dem meistens auch die eingesessenen Wiener:innen folgen. Und doch gibt es noch mehr Werke, Bauten und

Orte, die einen kunsthistorischen Wert besitzen. Aber nicht jedem Schatz wurde das Siegel Weltkulturerbe durch die UNESCO verliehen und eigentlich ist das auch gut. Denn so sind wir selber gefordert und können offenen Auges auf Entdeckungsreise gehen. Unsere Schätze finden sich an den unterschiedlichsten Orten. Sie können auch als ein Teil einer bekannten Sehenswürdigkeit verborgen sein, der für sich nie die Wertschätzung erfährt, die ihm eigentlich zukommen sollte, weil er immer im Schatten steht. Oft gehen wir immer dieselben Wege zur Arbeit und zu unseren Freizeitvergnü-

gungen und verpassen auf diese Weise vielleicht die Kunstinstallation, die sich etwa zwar an derselben U-Bahn-Station, aber an einem anderen Ausgang als dem von uns benutzten befindet. Gerade an öffentlichen Orten ist es die Reizüberflutung, die uns so manche Schönheit übersehen lässt. Und nicht zuletzt sind einige Schätze auch einfach gar nicht so leicht zu finden. Der Autor ist selbst bildender Künstler. Dadurch hat er einen ganz eigenen Zugang zum kulturellen Besitzstand der Stadt. Unter anderem legt er sein Augenmerk auf die unterschiedlichen Techniken, die den Kunstwerken zugrunde liegen und deren Kenntnis zu einem tieferen Verständnis führen könnte. Einen wahren Schatz zu entdecken ist ein großes Vergnügen. Idealerweise sollte das Erlebnis dem Betrachter einen neuen Stein in das Mosaik seiner Stadt setzen. Und wenn auch Schönheit im Auge des Betrachters liegt, so sind unabhängig davon die hier vorgestellten Bauten und Werke auf jeden Fall sehenswert. Nicht zuletzt ist dieses Buch an einen Freund oder eine Freundin gerichtet, die in die Stadt kommen, die sie möglicherweise schon ein wenig kennen und die trotzdem etwas Neues oder Altbekanntes neu sehen möchten. Lasst uns also die Entdeckungsreise beginnen.

Places online finden: Alle Schätze sind am Handy abrufbar. QR-Code auf Seite 6 mit der Handykamera scannen und via Link den Übersichtsplan in Google Maps öffnen.

PLACE 1

Mosaike

Glanz der Pixel

1. Abendmahl
2. Werden der Natur
3. Fünf Kontinente
4. Elisabethkapelle
5. Altlerchenfelder Pfarrkirche

1. Coverversion

Leonardo in Wien, da Vinci, nicht DiCaprio, den gibt es wirklich, wenn auch nur als Kopie. Unseren Schatz entdecken wir im linken Seitenschiff der Minoritenkirche. Dort befindet sich eine Kopie des letzten Abendmahls von Leonardo da Vinci. Wer das Original von 1497 nicht kennt, welches sich in Mailand im Kloster Santa Maria delle Grazie befindet, ist vielleicht über die Größe von 9,18 mal 4,47 Metern erstaunt. Doch unsere Fassung kommt den Maßen seines Vorbilds recht nahe.

Napoleon ließ für die Sammlung im Louvre aus ganz Europa Kunst rauben. Für das große Wandgemälde gab er allerdings ein Duplikat in Auftrag. Das Original war auch zu diesem Zeitpunkt schon in einem traurigen Zustand. So fielen Jesus' Füße irgendwann einem Wanddurchbruch zum Opfer und die Farbe war am Abblättern. Man entschloss sich für ein

Mosaik. 1805 machte sich der Künstler Giacomo Raffaelli daran, die Malerei mit den Mitteln des Mosaiks umzusetzen. Das Werk ist also nicht wie das Original gemalt, sondern aus kleinsten Mosaiksteinen zusammengesetzt. Der große Vorteil ist, dass diese nicht verblassen und immer ihre Frische behalten. Was wir vor uns haben, ist also nicht eine bloße Reproduktion, sondern eine Übersetzung von Malerei in buntes Glas. Diese Umsetzung bedingt aber auch Unterschiede. Nicht jede Farbe der Malerei kann mit Mosaiksteinen nachgeahmt werden. Daher unterscheiden sich die

Fast wie das Original, das letzte Abendmahl

Farben vom Original. Wer die Arbeit mit dem Original vergleicht, bemerkt auch Unterschiede in der Innenarchitektur. Wo das Gemälde im Dunkel versinkt, setzte Giacomo Raffaelli Details, die erst durch die von ihm verwendeten winzigen Steinchen möglich wurden. Sie sind nur mit guten Augen oder einem Feldstecher zu sehen. Gerade in diesen Bereichen hat der Künstler eigenständige Lösungen gefunden und interpretierte das Werk der Hochrenaissance im Stil des Klassizismus. Erst 1814 wurde Raffaelli mit der Herkulesaufgabe fertig. Da befand sich der Auftraggeber aber schon im ersten Exil auf Elba. Als einer der Gewinner der napoleonischen Kriege kauften die Habsburger das fertige Werk wohl günstig ein und brachten es nach Wien. Kaiser Ferdinand fand schließlich, dass das »l'Ultima Cena« in der Kirche der »Congregazione italiana«, der italienischen Gemeinde, am besten aufgehoben sei. Seit 1847 hängt es mit seinen unverändert strahlenden Farben an diesem Ort.

Abendmahl: 1010 Wien, Minoritenplatz 2A (Minoritenkirche)
Linie U3 › Herrengasse
Kirchenöffnungszeiten: 08:00-19:00, Oktober-März 08:00-17:00

2. Welt ohne Menschen

Angesichts von 360m^2 Fläche dicht besetzt mit rund vier Millionen Mosaiksteinchen aus Glas ist allein schon für die Handwerksleistung Ehrfurcht geboten. Die Steine stammen aus Italien, welches immer noch ein Zentrum der Mosaikkunst darstellt. Einige der Paneele wurden nach Entwürfen, die man zuvor vergrößerte, in Spilimbergo gelegt und so nach Österreich transportiert, der Rest in mehrjähriger Arbeit in Wien bis 1991 fertiggestellt. Mosaike sind Bilder aus Steinpixeln, deren Auflösung durch die Größe der Steine bestimmt wird. Die Bahnsteige sind lang und die Mosaike hängen hoch und sind weit entfernt. Ab einer bestimmten Entfernung verschmilzt die Wahrnehmung sie von einer digitalen zu einer analogen Fläche und vermittelt dem Betrachter vom Bahnsteig aus den Eindruck von Malerei.

Weltentstehung, bevor die nächste U-Bahn kommt

Der Künstler war Anton Lehmden, dessen Liebe der Landschaftsdarstellung galt und der stilistisch der Wiener Schule des Phantastischen Realismus angehörte. Aber es sind keine realen Landschaften, die er malte. Er orientierte sich bei seinen Kompositionen an den symbolträchtigen Landschaften der sogenannten »Donauschule« des 16. Jahrhunderts. Das Monumentalwerk ist eine Zusammenfassung und der Höhepunkt des künstlerischen Schaffens des Malers. »Das Werden der Natur« handelt von Erdzeitaltern, der Entwicklung vom Urknall bis hin zum Leben. Die Bilder sind von einer kindlichen Freude erfüllt, komplexe Zusammenhänge bildlich darzustellen. Haben wir nicht alle während der Schulzeit einmal einen Schnitt durch die Erde gemalt, vorbei an Dinosaurierskeletten bis hin zum heißen Kern? Und auch Planeten, die um die Sonne kreisen?

Viel spannender als eine bloße naturgeschichtliche Leseart ist es, das Werk als eine Darstellung der Welt, so wie sie jetzt ist, zu deuten. Die Farbgebung, in der Blau und Grün dominieren, ist sehr kühl. Selbst der »Big Bang« auf der größten Tafel ist nur ein gelb-oranger Fleck, der seine Umgebung nicht aufzuwärmen scheint. Ist das das Ende oder der Anfang einer Eiszeit? Das Meer mit seinen vielen Fischen ist fast überbevölkert. Grüne Ebenen liegen hoch über Klippen aus geschichtetem Material, von der See aus schwer zu erreichen. Viel eher könnten das die Vögel tun, die über die Inseln fliegen. Auf den Wiesen kriechen nur wenige Amphibien. Sind die Inseln verlassen oder noch gar nicht besiedelt? Folgt in dieser Welt das Anthropozän erst noch, wie das neue geologische Zeitalter heißt, welches der Mensch formt? Oder ist es schon wieder vorbei? Denn für die Bilder wurde es dunkel, seitdem man aus Energiespargründen 2022 die Beleuchtung vorübergehend abgeschaltet hat.

Werden der Natur: U3-Station Volkstheater (oberhalb des ringseitigen Bahnsteigabschnitts); geöffnet zu den Betriebszeiten der Linie U3; gültiger Fahrschein erforderlich

In der Mitte der Doppeladler

3. Mit den Augen des weißen Österreichs

Das Mosaik an der Adresse Kärntner Straße 16 ist ein Fragment eines historistischen Gebäudes aus dem Jahr 1898. Es zierte einst die Rückseite des Hotels »Meissl & Schadn«, das seinen Haupteingang am Neuen Markt auf der anderen Seite des Häuserblocks hatte. Nach einem Bombentreffer und einem Brand im Hotel gegen Ende des Zweiten Weltkriegs blieben zur Kärtner Straße hin nur mehr die untersten zwei Stockwerke übrig. Über dem zweiten Stock erhebt sich eine farblose Fassade aus der Nachkriegszeit, die die Pracht des darunter liegenden Mosaiks noch zusätzlich betont.

Der Künstler Eduard Veith, Mitglied des Künstlerhauses, entwarf für dieses Mosaik ein zeitgemäßes Bildprogramm. Üblicherweise wird als Thema »Die fünf Weltteile« genannt. Und tatsächlich werden beispielhaft Tiere und Menschen aus allen Erdteilen in diesem Zyklus zitiert. Entzückend, wie sich am rechten Rand ein Känguru ins Bild drängt. Links präsentiert ein muslimischer Afrikaner ein Dromedar mit Beißkorb. Auf einem weißen Pferd rechts hingegen trägt ein stolzer Reiter eine Fahne in Österreichs Farben. Und auch ganz zentral zwischen einer Frau mit rotem Mantel und einem Ritter in Prunkrüstung prangt ein Schild mit dem österreichischen Doppeladler. Die Gewänder und Rüstungen stammen dabei aus geschichtlich unterschiedlichen Epochen und inszenieren eine Art festlichen Umzug in historischen Kostümen. Veith nimmt dabei die Perspektive eines weißen Europäers auf die Welt ein und setzt das Habsburgerreich in deren Mitte. Ganz hoch steht die Göttin der Weisheit Athene, die mit ihrer Eule und der Fackel der Aufklärung der Welt Vernunft bringt. Der französischen Marianne rechts mit ihrer phrygischen Mütze steht ein Germane mit Flügelhelm links gegenüber. Am unteren Rand finden sich neben Herrscherfiguren aus aller Welt in prächtigen Gewändern viel nackte Haut samt tätowiertem »Indianer«, aber vor allem auch exo-

Ein »edler Wilder« über der Kärntner Straße

tisch verführerische und auch barbusige Frauen. Das opulente Werk beschwört vor allem eine prachtvolle Welt kolonialer Verfügbarkeiten, die schließlich der Erste Weltkrieg in Trümmer legte.

Im Speisesaal des alten Hotels hinter den Rundbogenfenstern hat 1916 dann der Sozialdemokrat Friedrich Adler den österreichischen Ministerpräsidenten und Kriegsbefürworter Karl Stürgkh erschossen, um das Schlachten zu beenden.

5 Kontinente: 1010 Wien, Kärntner Straße 16 (ehemaliges Hotel Meissl & Schadn); Linien U1, U3 › Stephansplatz (Ausgang Kärntner Straße)
Öffnungszeiten: jederzeit zugänglich

4. Sisi-Kult

Wer die Donau über die Reichsbrücke quert, kennt die massive Franz-von-Assisi-Kirche, auch Mexikokirche genannt, mit ihren roten Dächern, die sich um einen raketenförmigen Mittelturm gruppieren. Die wuchtige rheinische Neoromanik lässt nicht vermuten, dass sich in ihrem Inneren ein Kleinod des Jugendstils verbirgt.

Nachdem im Jahr des Baubeginns der Kirche 1898 Kaiserin Sisi ermordet wurde, beschloss man ihr im linken Querschiff eine Kapelle zu widmen. Zum romanischen Stil der Kirche passend, entwarf man dafür eine neue Version der alten achteckigen Pfalzkapelle Karls des Großen in Aachen. Die

Architekten waren zu Anfang Victor Luntz und später August Kirstein. Sisi war die erste Patronin des Roten Kreuzes, was man auch am Kreuz im Wappen des Doppeladlers über dem Kapelleneingang sieht. Die Kaiserin-Elisabeth-Gedächtniskapelle wurde ausschließlich durch eine Spendenaktion des Roten Kreuzes finanziert. Diese war so einträglich, dass kostbare Materialien verwendet werden konnten. Marmorintarsien unterschiedlicher Farben bedecken den Boden und schmücken streifenförmig die Wände. Selbst die Sitzbänke tragen Intarsien. Farbe überall, auch auf den

Die Kirche am Mexikoplatz

Altarfiguren. Gold und Grün und Blau und Weiß, die Farben des Frühlings. Die Kuppel ist durch den Künstler Karl Ederer ganz als Mosaik ausgeführt. Da treten Engel in würdevoller Pose aus einem Goldgrund, der ein übernatürliches Licht auszustrahlen scheint. Mit ihren lockigen Kurzhaarfrisuren könnten sie Eleven einer Modeklasse von 1907 sein, dem Jahr der Fertigstellung der Kapelle. Sie halten mit stillem Ernst Lorbeerkränze vor sich, Symbole des Sieges von Jesus über den Tod. Und diese Kränze sind selbst als gestaltendes Element in die Gesamtkonzeption eingefügt.

Auf halber Höhe findet sich auch das Mosaik der hl. Elisabeth von Thüringen, flankiert von Inschriften in Gedenken an ihre Namensschwester, der Kaiserin von Österreich. Von der Decke schließlich hängt ein goldener Reifenluster, an dem sich noch einmal die Kunst des Jugendstils zeigt, vergangene Stile dekorativ zu interpretieren. So sind in dieser Neuinterpretation des Lusters aus Aachen auf selbstverständlichste Art Glühbirnen integriert.

Mit dem tragischen Tod der Kaiserin begann auch der Sisi-Mythos. Mit diesem Bau hat er wohl gleich zu Beginn sein schönstes Denkmal gesetzt.

Elisabethkapelle: 1020 Wien, Mexikoplatz 12 (Katholische Kirche St. Franziskus von Assisi); Linie U1 › Vorgartenstraße
Kirchenöffnungszeiten: Mo-So 8:00-12:00; zu Messen

4. Goldrausch

Das 19. Jahrhundert erfand den Nationalstaat. Und auch das Bedürfnis nach einem dazu passenden Nationalstil. Der erste Entwurf für die Altlerchenfelder Pfarrkirche, nach dem noch die Grundmauern gebaut wurden, war im Stil der italienischen Renaissance gehalten. Noch während des Baus brach die Revolution von 1848 aus, die viel veränderte. Ein Wettbewerb wurde ausgeschrieben, den der Architekt Johann Georg Müller für sich entschied. Der Gewinner bevorzugte die Romanik, die er geeigneter für einen »deut-

Goldenes Licht in der Altlerchenfelder Pfarrkirche

schen« Kirchenbau hielt. Dazu passend haben sich in der Ausgestaltung der Kirche die sogenannten Nazarener ein Denkmal gesetzt. Sie waren Kritiker des Rationalismus und wollten religiöse Motive und Empfindungen in den Mittelpunkt stellen. Die Begriffe Gotik und Romanik wurden jetzt erst anerkannte Stile der Kunstgeschichte. Davor wurden die Werke dieser Zeit einfach als »nicht klassisch« abgetan. 1861 geweiht, zeigt die Außenansicht der Kirche eine deutliche Gliederung der Baukörper im Stil der deutschen Romanik. Für die Innengestaltung wurde der Architekt Eduard van der Nüll bestellt, der später einer der Erbauer der heutigen Staatsoper war. Unter seinem Dirigat entstand im Inneren der Kirche ein Gesamtkunstwerk aus Malerei, Mosaik und Architektur und es gelang ihm, die vielen beteiligten Künstler zur Aufführung einer großen romantischen Symphonie zu orchestrieren.

Nur wenige runde Fenster befinden sich hoch oben im Mittelschiff. Mehr Licht fällt durch die Fenster der Seitenschiffe. Sein Schein ist golden und warm, denn er wird von den vielen glänzenden Flächen reflektiert. Alle Mauern, Säulen und Pfeiler sind bemalt. Mächtig schweben zwei goldglänzende Luster in einem Raum, der an Dagoberts Geldspeicher erinnert. Der Glanz des Goldes evoziert die mystische Stimmung byzantinischer Kirchenräume. Auch die bemalten Säulen muten orientalisch an. An der

Decke glänzen Sterne auf blauem Grund. Gemälde türmt sich auf Gemälde und überall finden sich gemalte Zierleisten. Wer einen genauen Blick auf die Wandmalereien wirft, entdeckt im goldenen Grund, auf dem die Figuren platziert sind, die vielen goldglänzenden Mosaiksteine. Dieser ungewöhnliche Materialmix aus Malerei und Stein soll die Bildwirkung noch steigern. Der Kirchenraum will emotional überwältigen, was ihm wohl sogar beim Atheisten gelingt.

Altlerchenfelder Pfarrkirche: 1070 Wien, Mentergasse 13
Linie 46 › Schottenfeldgasse; Kirchenöffnungszeiten

Von außen erscheint die Pfarrkirche schlicht

PLACE 2

Fantastisches

Reichtum der Vorstellung

1. Metamorphose der Säule
2. Arik-Brauer-Haus-Fliesen
3. Domenig-Haus
4. Bruno Gironcolis Skulpturen
5. Das goldene Kalb

1. Aus Ruinen

Leicht haben sie es nicht, die sechs Säulen auf dem Theodor-Herzl-Platz. Ihr Grau hebt sich kaum von der umgebenden Architektur ab. Sie wirken eingezwängt zwischen Wänden aus Glas und Stein. Ausgeführt wurde die Gruppe 1971 als Steinguss nach Modellen aus Polyester. Bronze würde sich hier besser machen. Aber das Kunstwerk befindet sich auf seinem jetzigen Platz im Exil. Seine Verlegung hierher war vom Künstler Wander Bertoni nicht geplant. 1973 standen die Skulpturen noch vor der barocken Pfarrkirche der Piaristen im 8. Bezirk, ganz so wie einst sechs Heiligenfiguren den stimmungsvollen Platz von der Straße abgrenzten. In einem frühen Anfall von »Wokeness« sah ein Lehrer des Piaristengymnasiums aber die Moral durch die phallische Form der Säulen verletzt. Um die Gymnasiasten vor dem Anblick der skandalösen Objekte zu bewahren, wurden die jugendgefährdenden Säulen an ihren jetzigen

Standort verlegt. Dabei könnte ein humanistisch geschulter Professor durchaus seine Freude an den Plastiken haben. Immer schon wurde der Untergang der antiken Welt beklagt und angesichts von Ruinen die Vergänglichkeit aller Zivilisationen. Bertoni versteht Säulen als Symbol für die griechische Antike. Auf einer Reise nach Griechenland war er vom Anblick der alten Tempel verstört, da von den meisten antiken Bauten der europäischen Kultur großteils nur noch Trümmer übrig sind. Der Anblick der Vergänglichkeit versetzte den Künstler in einen Zustand großer Melancholie,

Der Beton wird übermütig am Theodor-Herzl-Platz

weshalb er eine der Säulen mit dem Titel »Trauer der Ruinen« benannte. Ebenso melancholisch klingt der Name »Die Zeit ist unbarmherzig« einer anderen Säule.

Bertoni selbst wurde als Jugendlicher aus Italien zur Zwangsarbeit nach Wien verschleppt, das er nach Kriegsende als neue Heimat empfand. Und auch in der Kunst will er nicht nur im Negativen verharren. Nicht alle Säulen tragen pessimistische Bezeichnungen. Anders klingt etwa »Überraschung für Hellas« oder »Apollo gegen Dionysos«. Eigentlich ist der Zyklus »Metamorphose der Säule« gar nicht so düster. Viel eher hat man den Eindruck eines fruchtbaren Experiments, das zu einer Vielfalt von Formen führte, so als wollte der Künstler eine alte Form noch einmal ausprobieren, befreit von ihrer Funktion als Stütze. Die Reihe der Säulen scheint unvollendet zu sein und lädt zur Fortsetzung ein. Wir können unserer Fantasie hier freien Lauf lassen.

Metamorphose der Säule: 1010 Wien, Theodor-Herzl-Platz
Linie 2 › Weihburggasse
Jederzeit zugänglich

2. Friede den Menschen

In der Gumpendorfer Straße unweit des Gürtels sticht eine Fassade aus der Häuserzeile hervor. Drei mit Säulen abgestützte Baldachine markieren Eingänge, die mit Zierleisten aus Pflanzen, Insekten und Masken geschmückt sind. Ein

Dekor, wie er im Jugendstil Verwendung fand, aber ohne Farbe oder Gold. Auf den begrünten Dachterrassen gedeihen Pflanzen. Das Haus wurde vom Künstler Arik Brauer und dem Architekten Peter Pelikan entworfen, der schon Hundertwasser in architektonischen Fragen beraten hatte. Die eigentliche Sehenswürdigkeit sind aber die Malereien Brauers, die sich über die ganze Fassade erstrecken. Diese ist mit einer Vielzahl von Motiven bedeckt, die sich erst beim näheren Hinschauen erschließen. Trotzdem bietet sich ein ruhiger Gesamteindruck. Und so lautet der Titel »Das Ringen

Arik Brauer in Gumpendorf

um Harmonie«. Dabei spielt auch die verwendete Technik eine Rolle. Der Künstler bemalte Keramikfliesen in Unterglasurtechnik. Hier wird der bemalte Scherben anschließend mit der Glasur bei hoher Temperatur gebrannt. Dadurch bleibt das Stück besonders widerstandsfähig. Es gibt aber nur eine beschränkte Palette von Farben, die diese Behandlung aushalten. Das sieht man schön am Regenbogen, der die große Haupttafel nach oben abschließt. Auch dieser ist in gedämpften Pastelltönen gehalten.

Die Hauswand bot dem Maler rund 150 Quadratmeter Bildfläche, auf der er von 1988 bis 1990 seine Welt ausbreitete. Wir werden hier von ihm in einen freundlichen Garten der Lüste eingeladen. In Arik Brauers Universum wimmelt es von liebenswerten Figuren, gerade auch, weil manche ein wenig unheimlich wirken. Es macht Vergnügen, einfach irgendwo zu beginnen und von Szene zu Szene weiter fortzuschreiten. Beeindruckend zu sehen, wie der Künstler gleichzeitig detailreich schildert und dabei trotzdem viele Flächen mit breitem Pinsel malt, was gut an den Wellen des roten Wassers zu erkennen ist, durch das ein Riese schreitet. Darüber tanzt fröhlich eine Gruppe Menschen, die gar nicht merkt, dass ihr Tanzboden vielleicht eine fleischfressende Pflanze ist. Nur ein Hund wirkt beunruhigt und muss laut bellen. Überall fliegen oder schwimmen Rieseninsekten durch diese Fantasie. Anscheinend unbeeindruckt davon bewegen sich die Menschen durch diese Traumwelt. Die Hauptrolle spielen sie wohl nicht. Aber sie scheinen ihr Glück zu finden.

Arik-Brauer-Haus-Fliesen: 1060 Wien, Gumpendorfer Straße 134-136
Linien U6, 6, 18, 57A › Gumpendorfer Straße
Jederzeit zugänglich

3. Biomorphe Architektur

Die Fassade scheint instabil zu sein und zu fließen. Ganz oben ragen Stützen empor, an denen entlang die Wand

Diese Fassade lebt

herabzugleiten droht. Auch vom Dach rinnt es über die Seitenwände herunter. Die Fenster folgen der Verformung der Stahlplatten, die sich in der Mitte nach außen wölben. Es hat sich schon eine Falte gebildet, dort wo das glänzende Kleid zusammengeschoben wird. Das Eingangsportal stemmt sich der Bewegung entgegen, die aber an den Seiten weitergeht.

Es ist der Zentralsparkasse zu danken, dass man dieses extravagante Gebäude in Favoriten errichtete. In den Siebziger Jahren wurde es vom Architekten Günther Domenig als Bank und Kulturzentrum geplant und 1979 schließlich fertig gestellt. Seither gilt es als eines der wichtigsten Werke der sogenannten »Grazer Schule« der Architektur.

Die Bankfiliale der Zentralsparkasse gibt es heute nicht mehr und sogar die Bank selbst ist längst durch Fusion vom Markt verschwunden. Auch die Hausgalerie musste vor ein paar Jahren umziehen. Heute ist die Gegend durch eine multikulturelle Bevölkerungsstruktur gekennzeichnet. Die Fußgängerzone und der nahe liegende Viktor-Adler-Platz sind immer von urbanem Leben erfüllt. So war es nur folgerichtig, dass heute in das Gebäude nach längerem Leerstand ein Lokal mit türkischer Küche eingezogen ist. Wer das Bauwerk von innen besichtigen möchte, könnte das also mit einem Imbiss verknüpfen.

Nur die untersten zwei Geschoße reichen tief nach hinten. Dadurch öffnen sich schon über dem ersten Stock vielfältige Durchblicke nach oben. Ein Gewirr aus rot gestrichenen Trägern hält Fensterflächen unterschiedlicher Größen. Innen windet sich eine freistehende Treppe aus grobem Sichtbeton von Stockwerk zu Stockwerk. Eine Riesenhand tastet sich aus dem Erdgeschoß entlang der Treppe nach oben, als wäre sie der hauseigene Bartagame. Lüftungsrohre tarnen sich als silberne gerippte Schlangen und wirken dabei wie die Adern eines Organismus. Zusammen mit einigen Beton-

UFO auf der Donauplatte

rippen erzeugt die Haustechnik den Eindruck, als stünden wir im Inneren eines funktionalen Organismus. Als solchen wollte der Architekt sein Bauwerk auch verstanden wissen. Am beeindruckendsten sieht die Fassade tagsüber aus, vor allem, wenn die Sonne scheint, denn durch die Wölbungen im Edelstahl kommt es zu spektakulären Spiegelungen. Auch das technoide Innenleben des Hauses aus Tragwerk und Installation wirkt bei Tageslicht besonders plastisch. It's alive!

Domenig-Haus: 1100 Wien, Favoritenstraße 118
Linien U1, 14A › Keplerplatz
Öffnungszeiten Kent Restaurant Favoriten: Mo-So 7:00-24:00

4. Sie kommen in Frieden, hoffentlich

Raumschiffe sind gelandet. Um nicht aufzufallen, parken sie zwischen den Hochhäusern neben der UNO-City. Unsere Objekte befinden sich rund um das STRABAG-Haus auf der Donauplatte. Der Captain dieser Flotte hieß Bruno Gironcoli. Sein Heimatplanet war die Akademie der Bildenden Künste, von der aus er seine einzigartigen Schöpfungen in die Welt schickte. Gebaut wurden die Prototypen meist aus Polyester, die dann abschließend einen metallischen Anstrich erhielten.

Unsere Plastiken sind in Aluminium oder Bronze gegossen. Der matt glänzende Aluminiumguss besticht mit kühler

Eleganz. Die Oberflächen sind so makellos gepflegt, dass die Maschinen wohl gleich wieder startbereit wären. Wer jetzt kann, streamt den Song »Silver Machine« von Hawkwind aus dem Jahr 1972: *»I've got a silver machine, it flies out of a dream, it's antiseptically clean«*, *»fliegt aus einem Traum, antiseptisch rein.«* Aber der Traum scheint nicht ganz unschuldig zu sein. Auf Kolben stecken bläschenartige Kugeln, daneben befinden sich Stängel mit Knollen umgeben von Scheiben, aber auch Alltagsgegenstände finden sich hier. Und so ist die undurchschaubare Assem-

Gironcolis Kinder

blage auch ein wenig unheimlich. Vor allem, wenn man in dem überwältigenden Haufen von anscheinend technisch funktionalem Krempel Weintrauben und Blätter ausmacht. Ist doch Wein der Saft, der Dionysos über Jesus mit dem Heute verbindet. Die scheinbar biologischen Teile der Skulpturen sind aber ebenso metallisch wie die Gestänge, aus denen sie zu entspringen scheinen. Die Grenzen von toter und lebendiger Materie sind hier uneindeutig und verschwommen. Da kommt es nicht ganz unerwartet, dass wir auch menschliche Formen entdecken. Es sind Säuglinge, die aber fest mit dem technischen Gerät verbunden sind, so als wäre ihre Nabelschnur noch nicht durchtrennt worden. Ihre Arme halten sie abwehrend vor sich. Sind es Embryos, die von einer Geburtsmaschine hervorgebracht werden? Am Ende eines Gerippes dann eine Viererreihe Babies, bei der eines seine Augen geöffnet hält. Vielleicht stellen sie ja die androide Besatzung der Raumschiffe dar. Mit einer Mission, die Erde zu besiedeln, um einen Neuanfang zu setzen – ob es eine bessere Welt wird, bleibt offen.

Wer neugierig geworden ist und jetzt noch mehr sehen will, findet im sogenannten Gironcoli-Kristall beim STRABAG Haus weitere Werke des Künstlers.

Bruno Gironcolis Skulpturen: 1220 Wien, Donau-City-Straße 9 (Donaupatte, STRABAG-Haus); Linie U1 › Kaisermühlen - VIC
Jederzeit zugänglich

5. Flower Power

»Der 60er-Jahre-Charme des Donauparks« (siehe WildUrb-Buch Places »Parks«) strahlt eine liebenswerte Naivität aus. Schmalspurbahn und Blumenbeete verbreiten eine friedfertige Stimmung. Am Westufer des Irissees nahe der Papstwiese aber ragt ein mächtiges Trio aus Eisen in diese Idylle. Geschaffen hat es der Maler, Bildhauer und Autor Karl Anton Wolf in den Jahren 1984 bis '86. Der Künstler begann seine Karriere als Maler, seine Werke wurden auch auf der Documenta II in Kassel und bei der Biennale von Venedig

Heavy Metal mit Blumenbeet

gezeigt. Der Künstler zählte immerhin schon sechzig Jahre, als er sich der dritten Dimension zuwandte und ab 1968 begann, Skulpturen zu entwerfen. Der Titel des Ensembles »Das goldene Kalb - Die Technik als Apokalypse«, der auf einer nahen Tafel steht, klingt wie eine Warnung vor allzu großer Wissenschaftsgläubigkeit und menschlicher Hybris. Im Jahr 1972 erschien die legendäre Studie »Grenzen des Wachstums« des damals gerade erst gegründeten Club of Rome. Großen Einfluss auf das geistige Leben der Siebziger hatte auch das Buch »Mythos der Maschine« des amerikanischen Soziologen Lewis Mumford und es war auch die Zeit der Friedens- und Anti-Atomkraft-Bewegung. Für die Plastiken wurden zuerst Modelle in Styropor geschnitten, darüber Gussformen erstellt und dann das Modell mit Eisen ausgeschmolzen. Bei der sogenannten »Gusstechnik der verlorenen Form« wird das Modell durch das heiße Gussmaterial zerstört und geht somit verloren. Übrig bleibt die Metallplastik. Bei der Verwendung von Eisen entsteht durch den schnell auftretenden Rost eine rötliche Oberfläche, die dem korrodierenden Metall eine gewisse Verletzlichkeit verleiht, sodass seine Anmutung fast organisch ist. Und tatsächlich scheint das Ensemble lebendig: Beißzangen schnappen nach oben, Kugellager haben ihre Kugeln verstreut und Hebel ragen keck heraus. Eigentlich möchte man alles in Bewegung sehen und die Geräusche hören, die die Mechanik dabei macht, so wie bei den Maschinen, die der Zeitgenosse

Jean Tinguely schuf. Fixieren uns da nicht gerade drei Transformer? Aber so furchteinflößend sind die Kolosse auf den zweiten Blick dann doch nicht. Das macht ein wenig die Umgebung, denn mit dem lieblichen Blumenbeet davor könnten sie auch ein wenig zu groß geratene Gartenzwerge sein. Aber das passt andererseits doch ganz gut so in diesen Park.

Das goldene Kalb: 1220 Wien, Donaupark (zwischen Irissee und Papstwiese); Linie U1 › Alte Donau oder Linie 20A › Donauturm
Jederzeit zugänglich

Riesen im Donaupark

KE
NT
Restaurant
Restaurant

PLACE 3

Sakrales

Schätze der Kirchen

1. Jesuitenkirche-Fresken
2. Südturm Stephansdom
3. Führich-Kreuzweg
4. Peregrinkapelle-Fresken
5. Feuerhalle im Schlossgarten

1. Illusionen

Wer die Kirche gesenkten Hauptes betritt, erkennt im Mittelgang eine weiße Platte, die den Ort markiert, von dem aus das Kunstwerk betrachtet werden will. Richtet man nun von hier aus den Blick hinauf, ist es gar nicht so einfach sich nicht vom bunten Barock ablenken zu lassen, denn das Deckengewölbe scheint hoch zu sein. Es ist sogar durchbrochen, sodass blauer Himmel durchscheint. Eine majestätische Kuppel überwölbt den Kirchenraum, die Anleihen bei der berühmtesten aller Kuppeln der Antike, dem Pantheon in Rom, genommen hat. Aber sie ist lichtvoller, rhythmisch gegliedert, wird von einer Laterne gekrönt und weist Nischen mit Skulpturen, Säulen mit Goldkapitellen sowie Fenster auf. Von außen war das nicht zu sehen und das ist auch kein Zufall, denn die Kuppel gibt es nicht. Wir sehen ein Wunder der Illusionsmalerei. Der Künstler Andrea Pozzo wurde von Kaiser Leopold I. im Jahr 1702 zur Verschönerung der Jesuitenkirche nach Wien eingeladen. Zuvor hatte Pozzo in Sant'Ignazio in Rom eine der bedeutendsten illusionistischen Deckenmalereien weltweit vollendet. Er selbst war ein Laienbruder der Jesuiten, einem Orden, dessen Überzeugung es ist, dass Kunst und Wissenschaft mit dem Glauben vereinbar sind. Mit Hilfe von »shock and awe«, von Schock und Ehrfurcht, sollten die Gläubigen beeindruckt werden. Um derart perfekte Illusionen zu verwirklichen, waren viel Wissen und Kenntnisse zu Zentralperspektive, der Verkürzung von Gliedmaßen und auch der Veränderung

Die Jesuitenkirche inszeniert Wirklichkeit

der Farbnuancen bei zunehmender Tiefe des Raums notwendig. Nicht umsonst war der Künstler zudem einer der bedeutendsten Theoretiker zur Technik der Illusionsmalerei. Sein Buch »Perspectiva pictorum et architectorum« hatte großen Einfluss auf die barocke Deckenmalerei des 18. Jahrhunderts. Dabei geht es vor allem auch um die richtige Projektion des Entwurfs. Besonders schwierig wird es wie hier, am Deckengewölbe der Jesuitenkirche, wo auf eine gewölbte Fläche projiziert werden soll, was andererseits gleichzeitig die Illusion von Tiefe noch verstärkt. Wer auf der weißen Platte stehen geblieben bist, befindet sich auf dem Brennpunkt der Projektion. Es ist die einzige Stelle, von der aus alles stimmt. Bewegen wir uns weiter, fällt die Illusion in sich zusammen und die Kuppel klebt schief an der Decke. Das erscheint wie ein Gleichnis auf die Verheißungen, die aber nur aus bestimmter Perspektive glaubhaft sind.

Jesuitenkirche-Fresken: 1010 Wien, Doktor-Ignaz-Seipel-Platz 1
Linie U3 › Stubentor oder Linie 3A › Riemergasse
Kirchenöffnungszeiten

2. Ewiger Frühling

Der Stephansdom ist sicher die bekannteste Kirche Wiens. Trotzdem soll sein Südturm hier als eigener Schatz gewürdigt werden. Üblicherweise wird er als Teil des großen Kirchenbaus wahrgenommen. Er ist jedoch ein selbständiges Bauwerk, welches dicht an der Kirche steht. Daher wird oft seine Einzigartigkeit übersehen. Viele der hohen gotischen Kirchtürme sind erst in der Neugotik errichtet worden, mehr als 400 Jahre später als unser Turm. Bei seiner Fertigstellung 1433 war er mit seinen rund 136 Metern Höhe für über ein halbes Jahrhundert der höchste Turm Europas. Seine Errichtung dauerte 75 Jahre und das war schnell, verglichen etwa mit dem Bau des höchsten Kirchturms der Welt am Ulmer Münster. Dieses Projekt musste 300 Jahre ruhen, bevor es 1890 mit ungleich fortschrittlicherer Technologie

Der Südturm kratzt am Himmel

als hier vollendet werden konnte. Sogar von unten nach oben ist der Blick schwindelerregend. Auf halber Höhe befindet sich die Türmerstube, zu der auch Besucher aufsteigen können. Bis ins 20. Jahrhundert war an dieser Stelle eine Feuerwache stationiert. Auch während der 2. Türkenbelagerung nahm der Wiener Stadtkommandant Rüdiger Graf Starhemberg von hier aus die Lage in den Blick.

Die quadratische Basis verschleift sich nach oben fast unmerkbar zu einem Achteck. Mit vielen Giebeln und Fialen wurden die Übergänge in eine fließende Bewegung verwandelt. Hoch über dem Kirchendach befindet sich dann ein kronenartiger Kranz, aus dem wie ein Stiel die lange Spitze wächst, bekrönt von einer prächtigen Kreuzblume. Der ganze Bau hat etwas Organisches. So ist er über und über mit Kreuzblumen in Knospenform besetzt und erweckt damit den Anschein, als herrschte hier ewiger Frühling. Die gotischen Türme waren technische Wagnisse und nicht alle waren erfolgreich. Trotz seiner Höhe reicht der Turm nur weniger als vier Meter in den Boden. Dennoch war er in der Lage, Erdbeben und osmanischen Kanonenkugeln, angeblich mehr als 1000 Stück, zu trotzen. Als zu Ende der Schlacht um Wien im April 1945 das Langschiff zu brennen begann, setzte das Feuer auch den Glockenstuhl im Turm in Brand. Dadurch stürzte die größte Glocke Österreichs auf die im Erdgeschoß liegende Turmhalle und zerbrach.

Die mittelalterliche Konstruktion aus Stein hielt dennoch stand. Trotz ständiger Erneuerung von Bauteilen durch die Dombauhütte ist es nach wie vor der originale Bau von 1433.

Südturm Stephansdom: 1010 Wien, Stephansplatz 1
Linien U1, U3 › Stephansplatz
Öffnungszeiten und Tickets: www.stephanskirche.at

3. Heiliger Exportschlager

Nach den Napoleonischen Kriegen war Österreich mit Preußen und Russland durch die sogenannte »Heilige Allianz«

verbunden. Es war eine Zeit der Reaktion und Zensur, über die der Fürst Metternich als Wahrheitsminister wachte. Mit sicherem Gespür für konservativen Geist in der Kunst hatte er den Maler Joseph Führich gefördert und ihm das Studium in Rom ermöglicht. Auch wenn er dort beim Studium der Antikensammlungen seine Anatomiekenntnisse perfektionierte, begeisterte er sich doch mehr für das päpstliche Rom als für die alten Philosophen und näherte sich ideologisch und stilistisch den Nazarenern an, benannt nach Jesus von Nazareth. So wird eine dem Katholizismus nahestehende Kunstrichtung genannt, die ursprünglich in Wien gegründet wurde. Mittlerweile als Maler in allen Techniken dieser Kunst ein Meister, lud ihn sein Mentor wieder in die Kaiserresidenzstadt ein, wo er seine Karriere fortsetzte. Mit ihrer blockhaften Bauweise und dem spitzen Turm über dem Eingang sieht sie ein wenig wie eine Feuerwache aus. Die Pfarrkirche Johann Nepomuk in der Praterstraße wurde 1846 gegen Ende des Vormärz vollendet. Sie birgt einen Höhepunkt des Schaffens des Malers. Mit missionarischem Eifer und Rückgriff auf die alten Meister machte sich Führich daran, einen epochemachenden Kreuzweg zu erfinden.

Ein Kreuzweg ist ein beliebtes Objekt der Volksfrömmigkeit, das die Leidensgeschichte von Jesus den Gläubigen anschaulich nahebringt. Führich gelang es mit seinen 14 großformatigen Fresken in beeindruckender Manier mit präziser

Zeichnung, überzeugender Komposition und anatomischer Überzeugungskraft diese Geschichte so verdichtet auf den Punkt zu bringen, dass seine Werke immer wieder kopiert wurden. Die Übertreibungen in der Darstellung der Muskeln und der Farbgebung sind stark vom Manierismus beeinflusst. So taucht er vor allem die nackten Körperteile in irreales Licht. Den Beobachter platziert Führich in die erste Reihe ganz nah an das Geschehen. Doch trotz der Dramatik der Erzählung herrscht in den Bildern eine ruhige Stimmung, die man gottergeben nennen kann. Kein Aufbäumen gegen

Simon von Cyrene hilft Jesus das Kreuz tragen

das Leid, kein Prunk. Die Gesichter sind meist gelassen, jedenfalls gefasst und nicht von Schmerz verzerrt wie auf mittelalterlichen Darstellungen der Passionsgeschichte. Frömmigkeit und Heilsgewissheit sprechen aus diesen Bildern. Diese Kombination entsprach so sehr dem religiösen Zeitgeist, dass die Bilderfolge als »Führich-Kreuzweg« ein internationaler Hit in der katholischen Welt wurde. Basierend auf Kupferstichen begannen sich diese Passionsbilder zu verbreiten. Allein in Österreich wurden hunderte Kopien für unterschiedlichste Kirchen angefertigt und sie finden sich heute weltweit in Kirchen von Ägypten bis in die USA.

Führich-Kreuzweg: 1020 Wien, Nepomukgasse 1 (Pfarrkirche Johann Nepomuk); Linie U1 › Nestroyplatz (Ausgang Rotensterngasse) Kirchenöffnungszeiten

4. Der schnelle Meister

Die Serviten sind ein Bettelorden aus Italien und ihr berühmtester Ordensbruder heißt Peregrinus Laziosi. Die Wege, die zur Heiligsprechung führen, sind rätselhaft. Jedenfalls widerfuhr Peregrinus mehr als 400 Jahre nach seinem Tod diese Ehre. Nach seiner Heiligsprechung 1726 wurde daher in der Servitenkirche in der Rossau ihm zu Ehren eine Kapelle errichtet. Man kann sie vom Inneren der Kirche über einen Eingang rechts beim Annaaltar betreten. Die Verehrung des Heiligen, der heute bei Schwangerschaft, Krebs, AIDS und erkrankten Beinen um Beistand angerufen wird, war bald so groß, dass die Kapelle erweitert werden musste. Erst der Bau von 1766 bot genug Platz für den Ansturm der Verehrer:innen. Unseren Schatz finden wir, wenn wir den Blick nach oben an die Decke richten. Es sind die Fresken, die der Wiener Maler Joseph Adam von Mölk gemalt hat. Mölk war geschätzter und vielbeschäftigter Künstler, der den Ruf hatte, sehr flott zu malen, was die Liste der durch seine Hand gestalteten Kirchen recht lang werden ließ. Den Wiener:innen versuchte er mit einer lieblichen Komposition aus Pistaziengrün und Pastellrosa zu schmei-

Servitenkirche

cheln, dazwischen auch Passagen in zartem Gelb, beeinflusst vom verspielten Rokoko, so wie er ihn in Venedig beim großen zeitgenössischen Maler Tiepolo gesehen hatte. Im Unterschied zu diesem aber malte Mölk in einer vereinfachten Bildsprache, in ruhigem österreichischen Rokokostil. Dafür sind die Gewänder der Figuren prachtvoll koloriert. Die Gesten der Figuren sind sanft, die Körper haben weiche Formen, die Menschen freundliche Gesichter mit leicht kindlicher Erscheinung und oftmals anmutig geneigten Köpfen. Schön, wie er die Tiefe des Raums durch hellere Farben imaginiert.

Die Illusionsmalerei ist kompliziert angelegt und zeigt starke Lichteffekte. Gemalte Geländer entlang des Sockels der Kuppeln schaffen Theateratmosphäre. Bei genauerem Hinsehen scheint aber nicht alles ganz stimmig zu sein. Manche Säulen sind zu flach und nicht jedes Kapitell sitzt überzeugend auf seiner Säule. Vielleicht fiel so manches Detail doch dem hohen Maltempo zum Opfer. Und einiges ist wohl auch nicht von Mölk gemalt, sondern wurde von Gehilfen ausgeführt. Am Ende zählte aber wohl doch der gelungene Gesamteindruck seiner Werke. Maria Theresia, deren künstlerischer Geschmack eher bieder zu nennen ist, ernannte Mölk später zum Ritter.

Peregrinkapelle-Fresken: 1090 Wien, Servitengasse 9 (Servitenkirche); Linie D › Schlickgasse; Kirchenöffnungszeiten

5. Im Garten des Prächtigen

Es war einmal ein verwunschenes Schloss. Der Kaiser des Heiligen Römischen Reiches Maximilian II. hatte sich nämlich ein neues Jagdschloss gewünscht. Es erhielt den Namen Neugebäude. Angeblich ahmte es die Zeltstadt von Süleyman dem Prächtigen nach, die dieser hier während der ersten Türkenbelagerung Wiens 1529 aufbauen ließ. Aber noch bevor das Lustschloss fertig war, starb der Kaiser im Jahr 1576. Sein Sohn Rudolf II. stellte das Gebäude zwar noch halbherzig fertig, zog dann aber lieber nach Prag. Ungenutzt

Blick auf die Feuerhalle

verfiel das Schloss langsam. Nachdem es die zweite Türkenbelagerung gut überstanden hatte, wurde es von aufständischen Ungarn zu Beginn es 18. Jahrhunderts in Brand gesteckt. Schließlich zog das Militär ein und lagerte und erzeugte hier Schießpulver. Der nächste Nutzer war die sozialdemokratisch regierte Stadt Wien. Jetzt hielt endgültig der Tod Einzug in das Areal. Vom Lustgarten war schon lange nichts mehr vorhanden, als der Entschluss zur Errichtung des ersten österreichischen Krematoriums in der Mitte des Schlossgartens fiel. Während für gläubige Katholiken die Feuerbestattung erst im Jahre 1964 erlaubt wurde, fand hier die erste Verbrennung schon Anfang 1923 statt.

Der Erbauer des Krematoriums, Clemens Holzmeister, war der Drittplatzierte des Architektenwettbewerbs, als mit diesem Projekt seine große Karriere begann. Er erhielt den Zuschlag, weil er die Reste des verwunschenen Gartens am besten in seinen Plan integrieren konnte. Das ganze Gelände blieb weiter von der 1,5km langen und 5m hohen Gartenmauer mit Zinnen in Schwalbenschwanzform umgeben, die von 10 zylindrischen Türmen bewacht wird. Gleich beim Eintritt passiert man das ehemalige Wasserwerk. Dann steht man im inneren Hof, den Holzmeister durch zwei Mauern von der Umgebung abgegrenzt hat. Alles strahlt in sakralem Weiß. Spitzbögige Arkaden mit rauem Verputz dienen als Aufbewahrungsort von Urnen. Die Bögen haben einen orientalischen, vielleicht persischen Schwung. Auch der weiße Block der Feuerhalle öffnet sich mit einem Spitzbogen. Durch die Wand stoßen sechs kräftige expressiv gestaltete Wasserspeier, über die das Dach eine Zickzacklinie legt. Aus der Mitte der Halle ragt ein hoher Vierungsturm. Die orientalisierende Formensprache macht den Eindruck, als habe sich Holzmeister doch von der alten Legende beeinflussen lassen.

Feuerhalle im Schlossgarten: 1110 Wien, Simmeringer Hauptstraße 339 (Zentralfriedhof Krematorium); Linien 11, 71 › Zentralfriedhof 2. Tor
Öffnungszeiten: Mo-Fr 08:00-15:00, Sa/So geschlossen

Im Arkadengang befinden sich Urnennischen

PLACE 4

Brunnen

Kunstvolle Wasserwerke

1. Austriabrunnen
2. Donnerbrunnen
3. Die Macht zu Lande, die Macht zur See
4. Karl-Borromäus-Brunnen
5. Östlicher Najadenbrunnen

1. Klares Wasser

1846 wurde die Kaiser-Ferdinands-Wasserleitung eröffnet, die erstmals einen größeren Teil der Bevölkerung mit sauberem Trinkwasser versorgte, um Katastrophen wie die Choleraepidemie von 1831/32 zu verhindern. Der Austriabrunnen sollte zu diesem Anlass die Größe des Habsburgerreichs durch einen Vierflüssebrunnen würdigen. Die vier dargestellen Figuren verkörpern die euopäischen Gewässer Po, Weichsel, Donau und Elbe, die alle durch Länder des Kaiserreichs flossen und in vier verschiedene Meere münden. Daran lässt sich die weite Ausdehnung des Reichs ablesen, dessen Grenzen jedoch schon bald neu gezogen wurden. Ohne sich aufzudrängen, vermittelt der Brunnen Größe und Würde, was auch daran liegt, dass die Brunnenfiguren im Unterschied zu barocken Brunnen jetzt aufrecht stehen und nicht liegen oder lagern. Das Wasserbecken ist einladend niedrig, während sich sein grauer Granit aus Mauthausen mit dem weißen Kalkstein der Säule und dem dunklen Metall der Bronzen zu einem harmonischen Zusammenklang von Materialien und Farben zusammenfügt. Der Bildhauer Ludwig Schwanthaler wird zwar dem Klassizismus zugerechnet, das Becken allerdings hat er als Vierpass entworfen, welcher ein wichtiges Stilelement der Gotik war. Dabei zeigt sich schon der Wechsel des Stils hin zu romantischem Historismus. Auch die Revolution von 1848 ist nah. Der Fuß der Säule ist wie ein Felsen geformt, auf dem die vier stehen. Im Mittelteil ranken sich Stämme um den Schaft und bilden

Im Schatten von Eichenlaub am Austriabrunnen

ein Blütendach aus Eichenlaub. Alle ruhen ohne Gefühlsregung, die pupillenlosen Augen in die Ferne gerichtet. Der Bildhauer legte großen Wert darauf, die Figuren durch Masse zu betonen. So zeigen die Frauen kräftige Arme. Dabei kann sich Schwanthaler durchaus auf Michelangelo berufen, der seine Frauen ebenso kräftig gestaltete. Ganz oben steht die Austria in der klassischen Darstellung von Athene als jungfräuliche Schutzgöttin mit Mauerkrone. In Rüstung gekleidet steht sie bereit, das Reich zu verteidigen und trägt auf ihrem Schild den Doppeladler, das Symbol des Kaisertums. Für das Antlitz soll angeblich Alma von Goethe, eine Enkelin des großen Dichters, Modell gestanden haben. Das kindlich unschuldige Aussehen entsprach wohl dem Ideal einer jungfräulichen Göttin, wie sie in den antiken Skulpturen überliefert waren. Almas Mutter hielt sich 1844 in Wien auf, als die sechszehnjährige Tochter die Gesellschaft bezauberte. Die Wasserleitung kam für sie zu spät, denn im selben Jahr fiel sie einer durch verschmutztes Wasser übertragenen Typhusepidemie zum Opfer. Ein anderer Schriftsteller, der österreichische Nationaldichter Franz Grillparzer, beweinte Alma bei ihrem Begräbnis. Er widmete ihr ein Gedicht, in dem er sie mit dem Kind aus der Ballade »Erlkönig« vergleicht – geschrieben vom größten deutschen Klassiker, ihrem Großvater Johann Wolfgang von Goethe.

Austriabrunnen: 1010 Wien, Freyung
Linien U2/U3 › Schottentor/Herrengasse; jederzeit zugänglich

2. Sinnlichkeit über die Zeiten

1739 war der Providentiabrunnen fertig, beauftragt vom Magistrat, der in der kaiserlichen Hauptstadt nicht sehr viel zu bestimmen hatte. Daher wollte die Stadt kein imperiales Auftrumpfen bei ihrem Brunnen, sondern beauftragte den Bildhauer Georg Raphael Donner, der eine sinnlichere Auffassung von Skulptur hatte. Das Konzept folgte der beliebten Idee des Vierströmebrunnens, gekrönt von der Figur der Providentia, der Vorsehung. Auf dem Rand des Bassins lagern zwei Männer und zwei Frauen als Allegorien der vier

wichtigsten Flüsse Österreichs. Man könnte meinen, es wären Badende, die sich an einem Pool niedergelassen haben. Durch ihre Position am Beckenrand, über den sie hinausgreifen, schaffen sie einen Bezug zum umgebenden Platz und laden dazu ein, neben ihnen Platz zu nehmen. Die Frauen zeigen sanfte Rundungen, die Männer sind durchtrainiert. Ihre Köpfe erscheinen im Verhältnis zu den Körpern klein, die Gliedmaßen überlang. Die scheinbar ungezwungenen Positionen verfolgen das manieristische Ideal der Allansichtigkeit, der »figura serpentinata«, die von allen Seiten gleichermaßen interessant sein möchte. Überall ist Bewegung spürbar, so als könnte sich die Szene im nächsten Augenblick schon wieder ändern. Auch die Architektur scheint weich zu sein. Die zentrale Figur der Providentia dreht sich nach hinten und scheint mit dieser Bewegung die ganze Säule, auf der sie sitzt, mit zu verdrehen. Heftig bewegt sind auch die Putten, die verzweifelt versuchen, glitschige Fische festzuhalten, aus deren Mündern ein dünner Strahl Wasser ins Becken plätschert.

Nach Donners Modellen goss Johann Nikolaus Moll die Figuren in einer Blei-Zinn-Legierung mit dunklen Oberflächen, die nicht so hart wie die Bronze wirken, die wir heute vor uns haben. Überdies war das Becken ursprünglich nicht aus glattem Granit, sondern aus hellem unpoliertem Kalkstein, was den Farbunterschied und den Kontrast zwischen glänzender Haut und mattem Stein noch steigerte. Aber dieser Guss war nicht stabil und die Skulpturen mussten schon bald renoviert und in das untere Belvedere gebracht werden, wo sie auch heute noch zu sehen sind. Die sinnliche Wirkung der heutigen Bronzeskulpturen ist trotzdem ungebrochen. Am stärksten ist das dort zu sehen, wo durch viele Berührungen intime Körperstellen einfach blank poliert wurden.

Donnerbrunnen: 1010 Wien, Neuer Markt
Linien U1, U2, U3, U4 › Karlsplatz/Stephansplatz; 2A › Plankengasse
Jederzeit zugänglich

Die Macht zu Lande

3. Blockbuster

Wie wäre es, beim Betrachten unserer zwei monumentalen Wandbrunnen bombastische Kinomusik zu hören? Vielleicht etwas von Hans Zimmer aus »Pirates of the Caribbean« – am besten mit Kopfhörern, denn hier ist meist viel los. Auch die Titel der beiden symmetrisch zur Michaelerkuppel in die Hofburg integrierten Skulpturengruppen klingen nach Blockbuster: »Die Macht zu Lande« befindet sich rechts und »Die Macht zur See« links. Erstaunlicherweise stammen die zwei Brunnen von zwei verschiedenen Bildhauern.

Den linken Brunnen gestaltete Rudolf Weyr – fertiggestellt 1895. Der rechte wurde 1897 von Edmund von Hellmer vollendet. Beide Künstler haben für einen einheitlichen Gesamteindruck anscheinend ihr Ego hintan gestellt. Ihre Inszenierungen sind großes Theater: Links durchbricht ein Schiff die Wand und bringt Bewegung in die Szenerie: Ein Mann fällt schreiend kopfüber und Neptun sieht ihm mit aufgerissenem Mund dabei zu. Was schon gemalt und gezeichnet technisch schwierig ist, wird hier dreidimensional verwirklicht. Ebenso rechts. Vor der gebieterischen Geste des nackten Mannes fällt ein anderer Mann rücklings ins Becken und zeigt eindrücklich die imponierenden anatomischen Kenntnisse des Künstlers. Sehnen spannen Muskeln, Adern schwellen an und Augen weiten sich. Für die dramatische Steigerung ihres Blicks sind die Pupillen tief gebohrt.

Hände krallen sich fest und Münder öffnen sich zum Schrei. Diese Künstler haben ausreichend Zeit im Anatomiesaal verbracht, denn hier scheint alles zu stimmen. Selbst die Fabelwesen sehen überzeugend realistisch aus. Geht man nahe, sieht man die Adern im Marmor aus Laas.

Imponierend sind auch die Brunnenbecken aus rotem Granit. Zum Ende des 19. Jahrhunderts war die Kunstfertigkeit im Bearbeiten von Marmor auf höchstem Niveau. Zuerst kam das Gipsmodell. Dieses wurde auf den Stein übertragen,

Die Macht zur See

dieser dann gesägt und gemeißelt, gebohrt und poliert, Hinterschneidungen hinzugefügt und schließlich der Marmor auch noch fugenlos in Konglomerat gesetzt, der den Fels imitiert. Doch bald schon ließ das Interesse an Inszenierungen dieser Art im Stil des Neobarocks nach, im Actionfilm leben sie allerdings fort. Angefangen von den raffiniert gebauten Kulissen der Cinecittà in Rom bis hin zu Computer Generated Imagery (CGI) aus Hollywood.

Die Macht zu Lande, die Macht zur See: 1010 Wien, Michaelerplatz
Linie U3 › Herrengasse; 1A, 2A › Michaelerplatz
Jederzeit zugänglich

4. Vielfalt und Einheit

Benannt ist dieser 1909 vollendete Brunnen nach dem Erzbischof von Mailand Karl Borromäus. Der Anlass für seinen Bau war im Jahr 1904 der 60. Geburtstag seines Namensvetters Karl Lueger, des heute wegen seines Antisemitismus in die Kritik geratenen damaligen Wiener Bürgermeisters. Im zentralen Bereich der Brunnenskulptur werden in drei Ansichtsseiten die mildtätigen Werke von Borromäus dargestellt, vor allem sein Einsatz für Pestkranke.

Auf der Basis darunter befinden sich Tafeln mit Inschriften zum Leben Luegers. So wollte man wohl einen Bezug zwischen der Arbeit des Bürgermeisters und der Fürsorge des Heiligen für seine Schäfchen herstellen. Die Figurengruppen zu Borromäus stehen auf einer dreiblättrigen Bronzeschale, die das obere Brunnenbecken darstellt. Getragen wird es von drei Gruppen zu je fünf nackten Putten. Keines gleicht dem anderen, aber alle sind größer als die historischen Figuren eine Ebene höher, wodurch sich ein eigentümlicher Perspektivwechsel ergibt. Vom Rand der Bronzeschale plätschert Wasser aus den Mündern von Fröschen, Echsen und Salamandern in das steinerne Brunnenbecken darunter. Dieser Brunnen zeigt eine eindrucksvolle Demonstration plastischer Kunst des Jugendstils. Die Fülle an Figuren, Am-

phibien, Putten und Pflanzen sind das Werk des Bildhauers Josef Engelhart. Er war Mitbegründer der Künstlervereinigung der »Wiener Secession«. Für das Gesamtkonzept allerdings holte er sich den Architekten Jože Plečnik mit ins Boot. Und dem gelang es, die kleinteiligen Figuren in einen großen Rahmen zu setzen. Dazu wurde der Brunnen unterhalb des Platzniveaus abgesetzt und ein Umgang mit Bänken als geschützter Ruhebereich um das Becken herum gewonnen, welchen zusätzlich zwei halbkreisförmige Mauern zur Umgebung hin abgrenzen. Er kann nur über zwei Treppen betreten werden, deren Zugänge mit Bronzeschalen geschmückt sind.

Die zentrale Brunnenskulptur wiederum ragt über die Mauern empor. Die Putten stehen auf kraftvollen Scheiben und die Figuren lehnen sich an einen gewaltigen Säulenfuß mit Löwenköpfen, die Wasser speien. Auf ihm ruht ein kurzer gedrungener Obelisk. Würde man eine Halbkugel auf die Randmauern legen, könnte er gerade noch darunter passen. Geht man auf den Platz zu, hat man das Gefühl, als sei der Brunnen dort nicht bloß dekoratives Element. Vielmehr scheint es so zu sein, dass sich der ganze Platz auf den Brunnen bezieht und von diesem definiert wird.

Karl-Borromäus-Brunnen: 1030 Wien, Karl-Borromäus-Platz
Linie O › Sechskrügelgasse
Jederzeit zugänglich

5. Idyllischer Zufluchtsort

Manchmal braucht es einen ruhigen Platz. Von der Prunktreppe des Schlosses auf der Gartenseite aus spazieren wir in einem Winkel von 45 Grad nach links, bis wir einen kreisförmigen Platz am Kreuzungspunkt von drei Alleen erreichen. Zu jeder Jahreszeit herrscht hier eine friedvolle Stimmung, trotz des Trubels beim Schloss und dem großen Parterre, von dem wir uns jetzt entfernt haben. Acht weiß gekalkte Vasen auf hohem Sockel stehen ebenso feierlich wie melancholisch im Kreis. In der Mitte befindet sich ein

Eine Najade im Schönbrunner Schlosspark

rundes Brunnenbecken. Es wurde von Wilhelm Beyer in den 1770er Jahren entworfen, als der Park seine große Ausgestaltung mit mythologischen Figuren erfuhr. Er hat auch für die meisten anderen Skulpturen im Schlosspark Modelle angefertigt und in seinem Atelier durch heute leider unbekannte Bildhauer umsetzen lassen. In der raffinierten Vielteiligkeit der Skulpturengruppe zeigen sich die Fähigkeiten Beyers zur Komposition. Seine Begabung hatte ihm schon zuvor höchste Wertschätzung als Modelliermeister der Porzellanmanufaktur Ludwigsburg eingebracht.

In der Mitte der Wasserfläche beugt sich eine nackte Frau über einen Wasservogel und ein Kind. Die kleine Insel, auf der alle ruhen, ist aus Muscheln geformt. Sie ist recht weit vom Beckenrand entfernt. So spiegelt sich die Gruppe gut im Wasser, aber entzieht sich auch ein wenig der genaueren Betrachtung. Die Maserung des Marmors zeichnet der Frau Tattoos auf die Haut. Um ihren Kopf trägt sie einen Lorbeerkranz. Beim Umrunden des Brunnens zeigt sich, dass sie keine Menschenfrau ist, denn ihre Beine enden in Flossen. Die Haltung des Knaben mutet eigentümlich erwachsen an. Er hebt sein fettes Ärmchen erwartungsvoll nach oben der Frau entgegen. Unklar bleibt, ob er dabei den Wasservogel fixiert oder sich bloß abstützt. Die Frau hält den Knaben nicht fest, sondern läßt ihn gewähren. Auch sie scheint den Vogel fest im Griff zu haben. Ihre linke offene

Hand hat sie auf seiner Brust abgelegt. Speit er etwa Wasser, weil die beiden so stark auf seinen Bauch drücken? Es ist ein Spiel mit Mehrdeutigkeiten. Was wissen wir mehr, wenn wir erfahren, dass die Frau eine Najade aus dem Gefolge des Meeresgottes Neptun sein soll und das Kind eine Putte? Wir sind doch nur zufällige Zeugen eines Spiels von Fremden. Da verhält man sich am besten still, um nicht zu stören.

Östlicher Najadenbrunnen: 1130 Wien, Schlossgarten Schönbrunn
Linie U4 › Schloss Schönbrunn
www.schoenbrunn.at/besucher-informationen/oeffnungszeiten

Die Tochter des Okeanos aus einer anderen Ansicht

KÜNSTLERHAUS
VEREINIGUNG
KÜNSTLERHAUS
www.k-haus.at

PLACE 5

Brutalismus

Aus-Sicht-Beton

1. **Denkmal für die Verfolgten der NS-Militärjustiz**
2. **Gefechtsturm Augarten**
3. **Filialkirche Oberbaumgarten**
4. **Heilig-Geist-Kirche**
5. **Wotrubakirche**

1. Über die Möglichkeit eines Denkmals

Weil sie immer unter dem Verdacht standen, Verräter am Vaterland zu sein, dauerte es nach dem Ende des NS-Regimes 64 lange Jahre, bis die Opfer der Wehrmachtsgerichte, mehr als 30.000 davon zum Tod verurteilt, in Österreich rehabilitiert wurden. Insbesondere Desertion wurde vom Nationalrat 2009 als Akt des Widerstands anerkannt. Eine Zeitspanne, die in einem Arbeitsleben längst zum Rentenbezug berechtigt, war nötig, bis den Widerständigen 2014 auch ein Denkmal an prominenter Stelle gesetzt wurde. An seinem Aufstellungsort gegenüber dem Zentrum der Macht, dem Bundeskanzleramt, fällt es allerdings nicht auf. Ein Passant sieht nur drei Stufen, die eine Art Barriere auf dem Platz bilden. Diese formen aber den Sockel für das Mahnmal und gleichzeitig auch das Mahnmal selbst. Die traditionellen Elemente eines Denkmals gehen ineinander über. Das erschließt sich aber nur, wenn man auf die Skulptur steigt, was anderswo ausdrücklich verboten ist. Ob es deswegen auch kaum jemand macht? Die Stufen sind hoch und es gibt keine barrierefreie Aufstiegsmöglichkeit. Wer es dann nach oben geschafft hat, kann in der bläulichen Betonkonstruktion den sich nach oben verjüngenden Buchstaben X erkennen, welcher als Platzhalter für die vielen Opfer, gleichgemacht in ihrem Schicksal durch die NS-Militärjustiz, erscheint. Von oben kann man auch die Wörter »all« entlang der Balken des X und ein »alone« am Kreuzungspunkt lesen. Wäre die Skulptur senkrecht aufgestellt, würde sich das

konkrete Gedicht von Ian Hamilton Finlay leichter lesen lassen. Aber der Künstler Olaf Nicolai hat bewusst ein »Anti-Denkmal« - Denkmal für das 21. Jahrhundert geschaffen. *»Denkmäler sind mir ja eher suspekt.«* (Der Standard, 24.10.2014.) Zwei Ständer mit erklärendem Text flankieren das Werk, dass sich dem Betrachter nicht einfach erschließt.

Vielleicht sollten wir uns abschließend das Chanson »Le déserteur« des Franzosen Boris Vian anhören. 1954 geschrieben, war seine Ausstrahlung in Frankreich im Radio bis 1962 untersagt. Seither wurde es von vielen pazifistischen Bewegungen gespielt. In der musikalischen Nachdichtung aus 2003 von Leobald Loewe heißt es: *»Herr Präsident, ich bin gewiss nicht Mensch geworden, um Menschen zu ermorden, das macht doch keinen Sinn. Ich will nicht provozier'n, wenn ich Euch offen sage: Der Krieg kommt nicht in Frage, ich werde desertier'n!«*

Denkmal für die Verfolgten der NS-Militärjustiz: 1010 Wien, Ballhausplatz
Linie U3 › Herrengasse
Jederzeit zugänglich; Infos: deserteursdenkmal.at

2. Brutalismus in jeder Hinsicht

Eigentlich ist der Augarten ein fröhlicher Ort, ein Barockpark, offen sogar für Hunde. Umso größer ist der Kontrast zu den zwei mächtigen Sichtbetontürmen, die brutal in den Himmel ragen. Sie sind ein düsteres Vermächtnis des Luftkriegs im Zweiten Weltkrieg. Der eckige Turm war der Feuerleitturm, der runde der Gefechtsturm. Dazu war er mit Flugabwehrkanonen bestückt und wurde daher Flakturm genannt. Die Türme entstanden im Zug des Luftschutz-Sofortprogramms, welches 1940 ins Leben gerufen wurde. Es war das größte zweckgebundene Bauprogramm der Geschichte. Auf jeden Fall wurden ungeheure Mengen an Material und Arbeitskraft für den Bau benötigt. Alleine die äußere Hülle ist 2,5 Meter dick. Die NS-Bauorganisation Todt sorgte für das Baumaterial und Rüstungsminister Albert

Der gewaltige Flakturm

Speer für genügend Zwangsarbeiter. Auch der Architekt aller Türme Friedrich Tamms gehörte zu Speers engem Freundeskreis. Von Anfang an war eine umfassende Nutzung geplant. Der umbaute Raum war ja riesig. So bot jeder der Wiener Türme auch Schutzraum für rund 30.000 Menschen.

Die obersten Stockwerke des Flakturms wurden kriegswirtschaftlich genutzt. Auch medizinische Einrichtungen waren vorhanden. Der annähernd runde Flakturm wurde als letzter aller Türme erbaut. Seinem Architekten zufolge war bei ihm eine Idealform des militärischen Turmbaus erreicht. Wie ein mittelalterliches Stauferkastell, vergleichbar dem Castel del Monte in Apulien, sollte er über die Stadt wachen. Nach Ende des gewonnenen Krieges war geplant, die Türme mit schwarzem Marmor verkleidet zu gigantischen Heldendenkmälern zu machen. Es kam anders. Nur fünf Monate nach der Fertigstellung war der Krieg verloren. Tamms gelang es, seine Karriere im Nachkriegsdeutschland erfolgreich als Stadtplaner fortzusetzen und erhielt sogar 1972 von der TU Wien die Ehrendoktorwürde verliehen.

Heute bestehen noch acht der insgesamt sechzehn erbauten Stahlbetonriesen. Allein sechs davon befinden sich in Wien. Sie bilden unfreiwillig das größte Mahnmal der Stadt an die Schrecken des Krieges. Ein Jahr nach Kriegsende entfachten Kinder im Inneren des Flakturms ein Feuer. Die Explosion von Munition, die noch immer nahe den Geschützen in den obersten Stockwerken gelagert war, sprengte Risse in das Gemäuer. Daher umklammern heute Stahlseile die obersten Stockwerke. Dennoch hält sich die »urban legend«, es sei unmöglich, die Türme zu sprengen. Doch es ist der Denkmalschutz, der sie uns erhält. Und es ist die Lebensfreude im Park, die sie uns erträglich machen.

Gefechtsturm Augarten: 1020 Wien, Obere Augartenstraße
Linien 31, 5A, 5B › Gaußplatz
Parköffnungszeiten: www.bundesgaerten.at/augarten/oeffnungszeiten.html

Filialkirche Oberbaumgarten

3. Schlichte Größe

Eigentlich geht es bei den Schätzen nicht um ganze Gebäude, sondern um die oft übersehenen Details. Aber in unserem Fall ist das Gebäude so beschaffen, dass wir es als Ganzes würdigen müssen. Von außen allerdings wirkt es unauffällig. Durch seine Hanglage ist es von der Hütteldorfer Straße nicht gut zu sehen. So modern die Würfelform für eine Kirche bei der Fertigstellung war, könnte sie aufgrund der schmucklosen Fassade heute für ein Möbelhaus aus den 80er Jahren gehalten werden – wenn sie dafür wohl zu klein ist. Ein offener Umgang, gestützt von Pfeilern aus Sichtbeton, erinnert in seiner Schlichtheit an Bauten der Bettelorden. Dazu passt auch der bescheiden niedrige würfelförmige Glockenturm, der für sich stehend den Hauptbau nicht überragt und den man für ein Wetterhäuschen halten könnte.

Quadrat und Würfel in Stahlbeton bleiben die bestimmenden gestalterischen Motive. Das wird ganz offensichtlich, wenn man in die Kirche eintritt. Plötzlich steht man in einem Quader aus einem halbierten Würfel. Decke und Boden sind quadratisch, die Wände halbierte Quadrate. Den Raum stört keine Stütze. Umso stärker wirkt das Licht, das kreuzförmig Dach und Wände teilt und das Gebäudeinnere in vier Teile zerlegt. Als wäre der vollständige Kubus zweimal durchtrennt und die Teile ein wenig verschoben worden. Dadurch besteht der Innenraum aus vier selbständigen Tragwerken, die unabhängig voneinander stehen können. Trotzdem hat es den Anschein, als wären die Lichteinlässe Klammern, die das Gebäude halten. Man muss nicht gläubig sein, um die Stärke der Symbolik zu verstehen: Die Kirche sei ein offener Raum für alle Gläubigen ohne Bevorzugung einer Richtung und vereinigt alle unter dem Kreuz.

Dieser Schatz wurde 1965 zeitgleich zum Ende des Zweiten Vatikanischen Konzils fertiggestellt. Wir verdanken ihn dem Architekten Johann Georg Gsteu. Er hat diesem Bau ein

Filialkirche Oberbaumgarten

streng rationales Konstruktionssystem zugrunde gelegt. Alle Elemente entwickeln sich aus dem Quadrat, dessen Maß auf der Breite eines Schalungsbretts beruht. Beim Umherwandern kann man das Konstruktionsprinzip von den Kreuzrippen an der Decke über das Tabernakel aus Polyester bis zu den Holzwürfeln am Boden entdecken. Vom Großen ins Kleinste ist die Anlage durch technische Raffinesse und ein kluges Konzept bei großer Schlichtheit geprägt. Wir verlassen sie geläutert.

Filialkirche Oberbaumgarten: 1140 Wien, Hütteldorfer Straße 282
Linien 49, 52 › Baumgarten
Kirchenöffnungszeiten: Mo-So 9:00-18:00

4. Großes Kino

Die Fassade in Brauntönen könnte zu einem aufgelassenen Lichtspieltheater gehören, welches sich früher als Kinotempel inszeniert hatte. Nur ein zartes Kreuz auf niedrigem Glockengiebel zeigt an dieser Tempelfassade die Kirche. Auf dem horizontalen Träger wird der Evangelist Johannes zitiert: *»Der Geist ist es, der da lebendig macht; das Fleisch ist nichts nütze.«* Das klingt düster. Die Kirche wurde auf Wunsch der Herzogin Sophie von Hohenberg dem Heiligen Geist gewidmet, dem unbekannten Dritten der katholischen Dreieinigkeit. Berühmt wurde sie als Frau des Thronfolgers Erzherzog Franz Ferdinands, dem wiederum die Kirche überhaupt nicht gefiel. Beide wurden ja in Sarajevo 1914 erschossen, ein Jahr nach Fertigstellung. Kinos gab es zu dieser Zeit schon, die diese Fassade hätte schmücken können. Sie zitiert ein abendländisches Schema aus Pfeilerreihe mit Dreiecksgiebel in geradliniger Schlichtheit, die sich ganz auf formale Wertigkeiten konzentriert. Senkrechte und Horizontale, Vordergrund und Hintergrund, Fläche und Linie, Licht und Schatten. Trotz größter Reduktion ist sie nicht langweilig, weil alle einfachen Elemente der Architektur in spannende Beziehung zueinander gesetzt sind. Die Kapitelle etwa sind klar zu erkennen, obwohl sie eigentlich gar nicht

Heilig-Geist-Kirche

über die Pfeiler hinausragen, sondern entstehen, wo die Pfeiler eingekerbt sind. Ganz oben liegt eine dünne elegante Platte auf, die ein wenig übersteht und zum waagrechten Balken vermittelt. Je länger man schaut, desto besser fügt sich alles zusammen. Elegant sind die Seitenflügel nach hinten gerückt, wo der strenge Querbalken durchbrochen und rhythmisiert fortgeführt wird.

Hier hat der geniale Architekt Jože Plečnik seine Handschrift hinterlassen, obwohl er bei Baubeginn 1911 nach Prag ging und so nur mehr wenig Einfluss auf die Innengestaltung nahm. Seine im selben Jahr vom Professorenkollegium schon beschlossene Nachfolge als Professor für Architektur an der Akademie der bildenden Künste in Wien vereitelte der Thronfolger. Dennoch hat Plečnik hier eine der allerersten Eisenbetonkirchen Europas geschaffen, sichtbar vor allem im Innenraum, wo die Seitenschiffe sich mit zwei Paaren von mehr als 20 Meter langen parallelen Trägern zum Mittelschiffe hin öffnen, deren Last am Endpunkt von je einer Vierergruppe aus Pfeilern aufgenommen wird. Dadurch verschmelzen die Seitenschiffe nahezu ohne Stützen mit dem Hauptschiff. Das wiederum hätte auch eine gute Sicht auf eine Kinoleinwand ermöglicht.

Heilig-Geist-Kirche: 1160 Wien, Herbststraße 80-84
Linie 48A › Brüßlgasse und Linie 9 › Panikengasse
Kirchenöffnungszeiten: Mo-So 7:00-19:00

5. Der Bildhauer als Architekt

In diesem Werk gehen Bildhauerei und Architektur Hand in Hand. Imposant thront unser Schatz auf der Spitze eines kleinen Hügels in einer Parklandschaft am Georgenberg. Dadurch wirkt er weitaus größer als er tatsächlich ist. Sein zerklüftetes Aussehen erinnert an Naturphänomene wie die Basaltsäulen des Giant's Causeway in Nordirland. Es könnte auch die Schöpfung einer steinzeitlichen Megalithkultur sein, so wie sie sich in Stonehenge verewigt hat. Und es war tatsächlich der Wunsch nach einem Bollwerk des Glau-

Wotrubakirche

bens in unsicheren Zeiten, der zur Anregung für diesen Bau führte. Sie kam von der Frau, nach der der Platz unter der Kirche benannt ist, wo sie mit typisch österreichischem Charme »Dkfm. Dr. Margarethe Ottillinger, Managerin und Förderin« genannt wird. Sie fand im Bildhauer Fritz Wotruba den kongenialen Partner für ihr Herzensprojekt. Leider starb er ein Jahr vor Fertigstellung des Werks. Er hatte im Lauf der Zeit architektonisch abstrahierte Figuren entwickelt und entwarf auch für diese Architektur ein skulpturales Modell, welches dann vom Architekten Fritz Gerhard Mayr umgesetzt wurde. Wie bei Wotrubas Figuren setzt sich die Kirche »Zur Heiligsten Dreifaltigkeit« aus Blöcken zusammen. Sie werden gestapelt, verschoben und übereinander geschoben. Da wurde nicht gekleckert, sondern geklotzt. Der Künstler hat bei der Komposition auf eine vielfache Auflösung der Massen geachtet. Dadurch gibt es keine durchgehenden Wandflächen. Von allen Seiten sehen wir Klüfte und Spalten. Die Fenster erscheinen fast wie zufällig ausgespart. Nahezu rahmenlos grenzen sie den Innen- vom Außenraum ab. In ihnen spiegeln sich die Farben der Umgebung. Durch die dichte Setzung der Blöcke wirkt das Innere höhlenartig. Von dort aus sieht der Besucher den Himmel und die Bäume des Parks. Eigentlich befinden wir uns vor und in einer begehbaren Skulptur. Eine solche Konstruktion aus Quadern in Sichtbeton – béton brut – nennt man in der Architektur brutalistisch. Aber genauso könnten wir den Bau auch als ein spätes Beispiel für Kubismus ansehen. Der Bildhauer hat insgesamt 152 Betonklötze aufeinander gestapelt. Schade, dass es hier keinen Automaten gibt, an dem man einen Bausatz erstehen könnte. Darin wären 152 Spielsteine, entsprechend den Bausteinen des Originals. Dann könnten wir uns auch am Stapeln versuchen und unsere besten Entwürfe auf Instagram posten.

Wotrubakirche: 1230 Wien, Ottillingerplatz 1
(Kirche zur Heiligsten Dreifaltigkeit); Linie 60A › Lindauergasse
Öffnungszeiten und Infos: www.georgenberg.at

Bauklötze der Wotrubakirche

Bundesdenkmalamt

TAG DES DENKMALS

www.tagdesdenkmals.at

#ichbindenkmal

#tagdesdenkmals

Am Tag des Denkmals öffnen österreichweit historische Objekte bei freiem Eintritt ihre Türen für interessierte Besucher:innen. Der Tag des Denkmals ist eine Bühne zur Präsentation der Denkmalpflege.

Werte und Qualitäten verschiedenster Denkmale sowie traditionelle Handwerkstechniken werden jedes Jahr präsentiert. Veranstalter:innen zeigen der interessierten Öffentlichkeit, durch welche Merkmale sich ein Denkmal hervorhebt.

Der Tag des Denkmals wird vom Bundesdenkmalamt koordiniert und findet jährlich am letzten Sonntag im September in ganz Österreich statt. Alle Programmpunkte können kostenfrei besucht werden.

PLACE 6

Bauten

Schönheit & Nutzen

1. Hohe Brücke
2. Lusthaus
3. Heumühle
4. Gasometer A
5. Döblinger Steg

1. Unerwartete Querung

Die Innenstadt von Wien erscheint im Normalfall recht eben zu sein. Manchmal stößt der Fußgänger aber plötzlich auf unerwartete Treppen. Oder aber sogar auf eine Brücke, die über eine Straße führt. Hier floss einmal ein Bach, der aber schon im Mittelalter umgeleitet wurde und Platz für eine Straße machte. Über die Kerbe, die der Bach in die Terrasse des 1. Bezirks schnitt, führt eine alte Verbindung durch das Zentrum der Stadt, an der sich früher sogar das Rathaus befand. Dieses war aber schon an die neu gebaute Ringstraße verlegt worden, als die Straße verbreitert und die Brücke von Josef Hackhofer 1904 neu errichtet wurde. Wer oben auf der Wipplingerstraße fährt, bekommt den Graben darunter kaum mit. Niedrige Geländer mit goldenen Medaillons flüstern »Jugendstil«, die Lampen sind Glockenblumen nachempfunden. Sie wachsen aus Bündeln von Metallstäben. Es ist ein freundlicher offener Platz, den die Fahrbahn dezent quert. Wer nach unten will, muss dann einen Zugang wie zu einem Keller betreten. An mit Graffiti markierten Mauern geht es steil hinunter. Auf der Hausseite befinden sich auch Geschäftslokale. Einfach haben sie es in dieser Lage nicht. Hier ist die Masse des Baus spürbar, die gut nachempfinden lässt, dass oben an dieser Stelle zu römischer Zeit ein Torturm stand – die »Porta Principalis Sinistra«, die den Eingang in das Römerlager Vindobona markierte. Man fühlt sich klein im Schatten unter der wuchtigen Decke, die die Beschaulichkeit des Tiefen Grabens

kontrastiert. Unten angekommen wird die Dekoration wieder zarter. Aus dieser Perspektive sieht es surreal aus, wie die Brücke zwischen den Häuserfronten quert. Die Eisenkonstruktion ist auf elegante Weise mit Wellblech verkleidet.

Wie originell doch schon zu Anfang der industriellen Fertigung mit Materialien gespielt wurde. Auch entlang der Gehsteige scheint es so, als wären Rollbalken aus Wellblech vor Verkaufsläden herunter gelassen worden. Aber das ist nur ein dekoratives Spiel und täuscht einen nicht vorhandenen kommerziellen Nutzen vor. Marmor und auch Gold schmücken die Seitenwände. Die Zwickel zieren Bilder der Vorgängerbauten. Wer tiefer in die Atmosphäre des »Fin de Siècle« tauchen möchte, kann dies im nur wenige Schritte weiter gelegenen berühmtesten Stundenhotel Wiens, dem »Hotel Orient« tun. Und wenn es auch nur für eine Stunde ist.

Hohe Brücke: 1010 Wien, Tiefer Graben 21
Linien 1A, 2A, 3A › Renngasse oder U2, D, 1, 37-44, 71 › Schottentor
Jederzeit zugänglich

2. Lust und Leid

Seinen größten Auftritt hatte das Lusthaus 1814 während des Wiener Kongresses. Es stand im Mittelpunkt einer pompösen Feier für rund 18.000 Soldaten. Es gab den Sieg in der Völkerschlacht von Leipzig zu feiern, der größten Schlacht des 19. Jahrhunderts. Die siegreichen Monarchen und ihre Generäle ließen sich von überlebenden Soldaten hochleben. Im 20. Jahrhundert wurde Wien dann selber zum Austragungsort einer Schlacht. Eine Bombe beschädigte das Lusthaus im Zweiten Weltkrieg schwer. Es stand einfach zu nahe an der strategisch wichtigen Ostbahn.

Beim Spazieren in der Umgebung sind noch immer im Unterholz entlang der Bahntrasse Bombentrichter zu sehen. Die gesprengten Löcher könnten »Land Art« sein, die an

Das Lusthaus lädt ein

den destruktiven Geist der Vierzigerjahre des letzten Jahrhunderts erinnern möchte. Schon 1948 beschloss der Wiener Gemeinderat den zügigen Wiederaufbau des Hauses und ein Jahr später fand auch schon die Wiedereröffnung statt. Renoviert wurde im nahezu schmucklosen klassizistischen Stil des Originalbaus, wie ihn der aus Frankreich stammende wirkliche Hofarchitekt Isodore Carnevale, heute Isidor Ganneval genannt, 1784 geplant hatte. Die schlichten Säulen und geraden Linien haben den Barockstil hinter sich gelassen. Weit öffnen sich die Fenster und Türen zum Park hin. Eine gläserne Laterne bekrönt ohne Pathos das Dach. Carnevale stellte ein zweigeschoßiges Achteck mit Anbau in den Schnittpunkt von Alleen. Die größte und imposanteste davon ist natürlich die Hauptallee, die zum Praterstern führt.

Erst im Jahr 1766 hatte Kaiser Josef II. den Zugang für alle Bürger freigestellt. Vorher war dieser Park ein exklusiver Vergnügungsort für die Habsburger und ihre Günstlinge. Aber auch in der Architektur schätzte der aufgeklärte Herrscher Rationalität und klassische Formen. Im Lusthaus sollten sie sich mit der Freude am Leben vereinen. Ein schönes Motiv für diesen Bau.

1875 kam der große Spatenstich durch das Wiener Becken, der die Donau in ein enges Korsett zwängte. Jetzt war Schluss mit dem Mäandern des Flusses durch die Auen.

Die Umformung der Landschaft hatte zur Folge, dass die Fließgewässer rund um das Lusthaus jetzt Altarme waren. Somit stand es auch nicht mehr auf einer Insel und am Wasser. Dem Publikum war es aber egal und das Lusthaus ist trotzdem immer gut besucht. Wer bei geöffneten Türen vom Innenraum aus den Park auf sich wirken lässt, möchte gerne an einen ewigen Frieden glauben.

Lusthaus: 1020 Wien, Freudenau 254; Linie 77A › Lusthaus
Außen jederzeit zugänglich, innen nur zu Restaurantöffnungszeiten
www.lusthaus-wien.at

Heumühle im Innenhof

3. Steh-auf-Mühle

Wenn man vor dem Stephansdom steht, könnte man meinen, dass es in Wien einen reichen Schatz an gotischen Gebäuden gäbe. Doch stammt die vorhandene historische Bausubstanz der Stadt Wien vor allem aus dem Barock und dem 19. Jahrhundert. Anders als etwa in Prag gibt es in Wien gar nicht so viele gotische Bauten. Noch seltener sind Nutzbauten aus der Gotik zu finden. Hier in der ältesten Vorstadt Wiens hat jedoch ein alter Zweckbau dem Wandel der Zeiten getrotzt. Er ist nicht leicht zu finden, denn er ist von einem modernen Wohnblock umringt und befindet sich in einem Hinterhof.

Die Heumühle ist eine alte Wassermühle aus dem 14. Jahrhundert. Erstmals erwähnt wurde sie 1326, hundert Jahre vor der Vollendung des kunstvollen Südturms von St. Stephan. Wasser war die wichtigste Energiequelle für die großen Maschinen dieser Zeit und Mehl für das tägliche Brot ihr wichtigstes Produkt. Obwohl in Wien der Wind oft zu spüren ist, wurde diese natürliche Energiequelle früher kaum genutzt. In bergigen Regionen war es einfacher, das Wasser der Flüsse als Antrieb zu nutzen. Ganz im Unterschied zu flachen Regionen wie den Niederlanden. Weite Flächen voller Windräder finden sich erst seit dem Beginn des 21. Jahrhunderts rund um Wien. Die Heumühle wurde vom Wasser des nahen Wienflusses angetrieben und war die mittlere von insgesamt drei Mühlen am Mühlbach. 1529 verwüstete die erste Türkenbelagerung die Vorstadt und die Mühle musste wieder aufgebaut werden. Bis 1856 wurde gemahlen und auch als im 19. Jahrhundert der Mühlbach aus hygienischen Gründen zugeschüttet wurde, blieb die Heumühle bestehen, weil das Gebäude als Gasthaus weiter genutzt werden konnte. Im 20. Jahrhundert schließlich bewahrte sie nur noch der Denkmalschutz vor dem Abriss. Erst in den Nullerjahren fand eine Renovierung statt, die dem Gebäude das Überleben sicherte. Eine Möbelfirma nützt es heute als

Gasometer

Schauraum, in dem noch die Balkenkonstruktion aus Holz sichtbar ist. Gemahlen wird heute in ganz anderen Dimensionen. Der größte Mühlenbetrieb Europas – nach eigenen Angaben werden Mühlen in sieben Ländern betrieben – ist die GoodMills Group der Leipnik-Lundenburger Invest Beteiligungs AG mit Sitz in Wien. In 25 Mühlen verarbeitet man nach eigenen Angaben jedes Jahr fast drei Millionen Tonnen Getreide. Mehrheitseigentümerin ist die Raiffeisenlandesbank Niederösterreich-Wien.

Heumühle: 1040 Wien, Schönbrunner Straße 2
Linie U4 oder 59A › Schönbrunner Straße/Kettenbrückengasse
Öffentlicher Durchgang geöffnet 7:00-19:00

4. Neue Kleider

Die vier kolossalen ziegelroten Gebäude in Simmering begegnen uns wie mächtige Festungsbauten einer untergegangenen Stadt. Die Gasometer waren einst Glockengasbehälter, die das aus Kohle erzeugte Gas speicherten. Eine bewegliche Glocke passte sich an das variable Gasvolumen an. Wo anfangs das Gas nur für die Beleuchtung der Straßen genutzt wurde, speiste man damit später Öfen und Heizungen. Es handelte sich bei diesen Gasbehältern um Teile eines riesigen Gaswerks, welches zur Zeit seiner Errichtung 1899 sogar das größte Europas war. Damals konnten die großen Fabriksgebäude nur durch die industrielle Fertigung von Backsteinen errichtet werden, denn alleine hier sind über 40 Millionen Ziegel verbaut. Was wir heute vorfinden, sind großzügige Freitreppen, die zu einem Umgang führen, aus dem sich hohe Zylinder erheben. Ganz oben enden die Mauern in Zinnenkränzen. Die originalen raffiniert selbsttragenden Kuppeln überspannen die rund 60 Meter Durchmesser. Stilistisch ahmte man allerdings noch immer historische Vorbilder nach und lehnte sich mit Rundbögen, Lisenen, Pilastern und Gesimsen an die römische »Engelsburg« an. Der Import von Erdgas machte die Anlage in den Achtzigerjahren des 20. Jahrhunderts überflüssig und die Gasometer wurden

1984 stillgelegt. Schließlich fasste man den Beschluss, die 90.000 Kubikmeter der vier Gasometer durch vier Architekten revitalisieren zu lassen und zu Wohnungen, Büros und einer Mall umzubauen. 2001 fand die feierliche Eröffnung der Gasometer-City statt.

Wir widmen uns dem ersten Gasometer, dessen Umbau durch den französischen Pritzker Preisträger Jean Nouvel entworfen wurde. Dazu betreten wir das Einkaufszentrum und blicken durch eine Glaskuppel nach oben. Über die Sockelgeschoße der Mall stellte Nouvel neun Wohntürme, über denen die offene Kuppel schwebt. Durch die Fenster der Außenhülle und von oben scheint das Licht in den Hof. Die Reflexion des Lichts wird zusätzlich dadurch verstärkt, dass die Seitenwände der Türme mit Edelstahl verkleidet und die Fronten aus Glas sind. So entsteht ein lichtvoller Innenhof mit stets wechselnden Lichtspielen.

Leitidee war die Vorstellung einer Sonnenuhr und damit wieder ein Rückgriff auf eine antike Erfindung. 100 Jahre nach dem Auftritt des Industriebaus in historischem Kostüm zeigt sich der Wohnbau jetzt allerdings selbstbewusst im Kleid aus Beton, Stahl und Glas.

Gasometer A: 1110 Wien, Guglgasse 6
Linie U3 › Gasometer
Eingangstore geöffnet von ca. 5:30-24:00

5. Triumphbogen für Fußgänger

Ein gespanntes Gitterwerk liegt über dem Wasser. Die Konstruktion steckt in den senkrechten Schlitzen von vier massiven kupfergrün behelmten Türmen. Seit 1911 führt der Döblinger Steg über den Donaukanal. Der Anfang des letzten Jahrhunderts war eine Zeit großzügiger Stadtentwürfe und mutiger Stadterweiterung. Wien sollte in Schönheit größer werden und zusammenwachsen. Der vom Architekten Friedrich Jäckel entworfene Steg verbindet die Bezirke Döbling und Brigittenau und lässt sie enger zusammenrücken. Von

Döblinger Steg über den Donaukanal

Weitem würde man der imposanten Erscheinung wegen eher eine Straßenbrücke als einen Fußgängerübergang erwarten. Früher wurde viel mehr zu Fuß gegangen und genau dafür haben die Stadtplaner eine ebenso würdige wie schöne Brücke über den Fluss beauftragt. Heute wird der Steg gerne auch von Fahrradfahrern benützt. Der Weg führt durch die beiden Brückenportale, die wie der Eingang zu einer Festungsanlage wirken. Die Bögen sind mit ungeglätteten Steinen in sogenannter Rustikatechnik ausgeführt. Der Schlussstein ist ein mythologischer Kopf, der ein manieristisches Schloss zieren könnte. Weit reicht der Blick des Jugendstils zurück in die Vergangenheit. Vielleicht kann man einem verwegenen Kletterer zusehen, der genau entlang einer dieser Bögen bouldert. Allerdings erfordert es einen sehr versierten Sportler, die liebevoll »Nasenbogen« genannte Route zu meistern.

Beim Weitergehen sind dann aus der Nähe gut die vielen Nieten in den Trägern zu sehen und man fühlt sich unter dem dichten Fachwerk geborgen, dem man sein bewegtes Schicksal nicht ansieht. Am 10. April 1945 sprengte die Wehrmacht bei ihrem Rückzug nach Norden alle noch intakten Brücken über den Donaukanal. Drei Tage später endete dann die Schlacht um Wien und 34 Jahre nach ihrem Bau lagen die stolzen Bögen im Wasser. Erfreulicherweise blieben viele Teile noch so weit intakt, dass sie beim Wiederaufbau, der im Jahr 1947 beendet war, sogar wieder verwendet werden konnten. In den Siebzigerjahren wurde ein anschließender Steg weit in den 19. Bezirk hinein, eine ebenerdige Querung der Bahnstrecke ersetzend, errichtet. Heute wächst Wien wieder. Knapp über hundert Jahre nach der Eröffnung der Brücke wird jetzt überall gebaut. Sie steht jetzt schon doppelt so lange wie vor ihrem Sturz ins Wasser und spendet jedem ein wenig Hochgefühl, den sie über den Kanal führt.

Döblinger Steg: 1190 Wien
Linien D › Rampengasse oder 5B › Döblinger Steg; Jederzeit zugänglich

Personen

Bewegte Geschichten

1. Mozart-Bronzereliefs
2. Das Auto von Sarajevo
3. Sterbehaus Franz Schubert
4. Gedenktafel Josef M. Hauer
5. Gedenktafel Werner Schwab

1. Legenden

Wir alle haben eine Vorstellung davon, wie Wolfgang Amadeus Mozart aussah. Ungefähr so, wie die Ticketverkäufer am Stephansplatz mit rotem Rock und weißer Perücke. Dabei hatte er die letzten zehn Jahre seines Lebens keine Perücke mehr am Kopf. Darin folgte er dem aufgeklärten Kaiser Joseph II., der sie 1782 für immer ablegte. Doch weiterhin blickt er unter seinem gepuderten Kopfschmuck auf unzähligen Mozartkugeln hervor, die zwar unterschiedliche Porträts schmücken, aber alle einen adretten Mann zeigen, dem wir wahrscheinlich eine gebrauchte Kutsche abkaufen würden. Mit dem Gedächtnis an und den Legenden um den Komponisten beschäftigte sich auch der Bildhauer Ben Siegel. Wir finden unseren Schatz in der Michaelerkirche. Gleich nach der Vorhalle fallen rechts zwei Bronzetafeln auf. Sie erinnern an die Begräbnisfeier für den Komponisten von 1791. Auf der rechten Tafel ist ein Relief eines Totenschädels zu sehen, in den »Mozart« geritzt wurde. Die echten Gebeine gingen bekanntlich verloren, als er in ein Schachtgrab auf dem Friedhof St. Marx gekippt wurde. Es gab zwar einen Schädel, der lange Zeit als der des Meisters gezeigt und verehrt wurde, DNA-Analysen bewiesen aber leider den Irrtum. Die linke Tafel imitiert die Totenmaske Mozarts. Eine solche wurde angeblich von Joseph Nepomuk Franz de Paula Graf von Deym Freiherr von Střítež am Leichnam abgenommen. Als solche jedenfalls stellte er sie in seinem Kuriositätenkabinett aus. Nach dem 2. Weltkrieg behauptete

Michaelerkirche

der Bildhauer Willy Kauer im Besitz dieser Maske zu sein. Ein Beweis dafür wurde allerdings nie erbracht. 14 oder 15 Porträts des Meisters, auch darüber wird immer wieder gestritten, gelten als gesichert. Nur für fünf davon soll er auch Modell gesessen haben. Dabei war Mozart kein Schönling, sondern hatte Pockennarben im Gesicht und nannte sich wegen seiner großen Nase selbst »nasert«.

Es waren diese Überlieferungen, von denen sich Siegel leiten ließ. Der Mann mit der markanten Nase ähnelt so natürlich gar nicht den Porträts auf den Kugeln. Dieser Mozart scheint den Klängen seines Requiems zu lauschen, welches zur Totenfeier hier vor Ort uraufgeführt wurde. Zumindest die beiden Sätze davon, die Mozart noch vor seinem Tod vollendet hatte. Über den Rest wird bis heute debattiert. Und wenn auch weder Schädel noch Maske echt sind, bleibt uns doch der Zauber der Musik.

Mozart-Bronzereliefs: 1010 Wien, Michaelerplatz (Michaelerkirche)
Linie U3 › Herrengasse oder 1A, 2A › Michaelerplatz
Geöffnet zu Kirchenöffnungszeiten

2. Die letzte Fahrt

Das Gebäude, das unseren Schatz birgt, ist genau so eindrucksvoll wie seine Sammlungen. Dass allerdings ausgerechnet das im Jahre 1869 eröffnete »k.k. Hofwaffenmuseum« das erste auch als ein Museum geplante und verwirklichte Museum Österreich-Ungarns war, wirft ein bezeichnendes Licht auf die Bedeutung des Militärs in der Donaumonarchie.

Wir widmen unsere Aufmerksamkeit der Abteilung zum 1. Weltkrieg. Dort finden wir auch das Fahrzeug, mit dem das alte Österreich an die Wand gefahren wurde. Und, wie bekannt, crashte in der Folge auch das alte Europa unwiederbringlich. Als Kollateralschaden fielen vier Kronen und gingen vier Kaiserreiche unter.

Einschussloch im Auto von Sarajewo

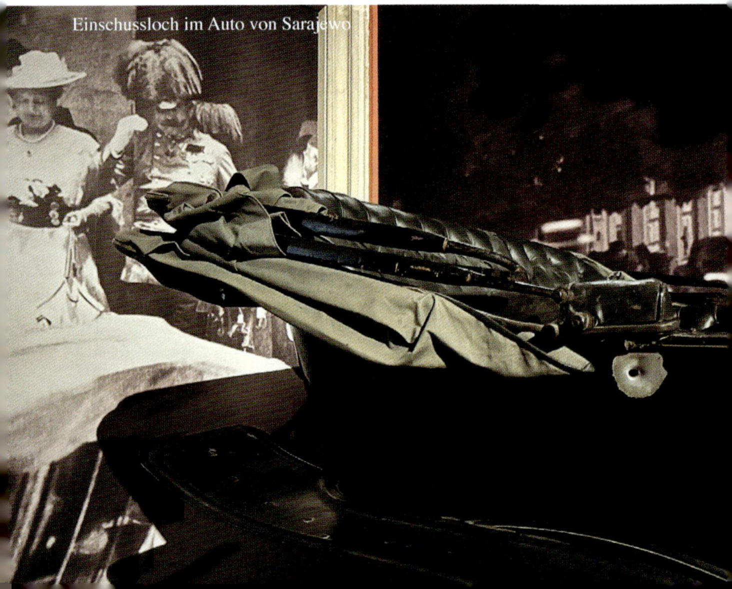

Vor uns steht eine Vorkriegslimousine Baujahr 1910 in olivgrün. Gefertigt wurde sie in Wien von der Wiener Firma Gräf & Stift als Doppelphaeton. Darunter verstand man ein offenes Fahrzeug, in dem zwei Sitzreihen nach vorne ausgerichtet waren. Auf der Rückbank nahmen am 28. Juni 1914 Erzherzog Franz Ferdinand von Österreich-Este links und seine Gemahlin Herzogin Sophie von Hohenberg rechts Platz. Es ging nach Sarajevo, der Hauptstadt des annektierten Bosnien-Herzegowinas. Schon vor dem ersten Halt gab es den ersten Anschlag. Auf der Rückseite des Autos sind deutliche Spuren der Explosion einer Handgranate zu sehen. Unbeeindruckt und unverletzt setzte der Thronfolger jedoch sein Besuchsprogramm fort. Auch das Verdeck blieb weiterhin offen. Nach einem Empfang im Rathaus ging die Fahrt chaotisch weiter, sodass das Thronfolgerpaar bei einem Wendemanöver dem Attentäter Gavrilo Princip, der sich schon enttäuscht auf den Heimweg gemacht hatte, auf dem Servierteller präsentiert wurde. Das Einschussloch auf der rechten hinteren Verkleidung markiert den ersten Schuss, der Herzogin Sophie tödlich verletzte. Der zweite ebenso letale Schuss traf Franz Ferdinand in den Hals. Das winzige Loch in seiner ausgestellten Uniform ist kaum zu sehen, das getrocknete Blut aber umso besser. Der Besitzer des Fahrzeugs war Graf Franz Harrach. Er vermachte es dem Kaiser. Und dieser reichte es schon zu Kriegsbeginn im August 1914 an dieses Museum weiter.

Das Attentat war letztlich eine der historisch erfolgreichsten terroristischen Aktionen. Schon vier Jahre später wurde am 1. Dezember 1918 das »Königreich der Serben, Kroaten und Slowenen« ausgerufen und Bosnien-Herzegowina war darin integriert.

Das Auto von Sarajevo: 1030 Wien, Arsenal 1 (Heeresgeschichtliches Museum vor dem Eingang zur Saalgruppe »1. Weltkrieg«)
Linie D › Hauptbahnhof Ost oder Linie 69A › Arsenal
Öffnungszeiten: Mo-Fr 9:00-17:00 und Sa/So 10:00-17:00
Jeden 1. Sonntag im Monat freier Eintritt; www.hgm.at

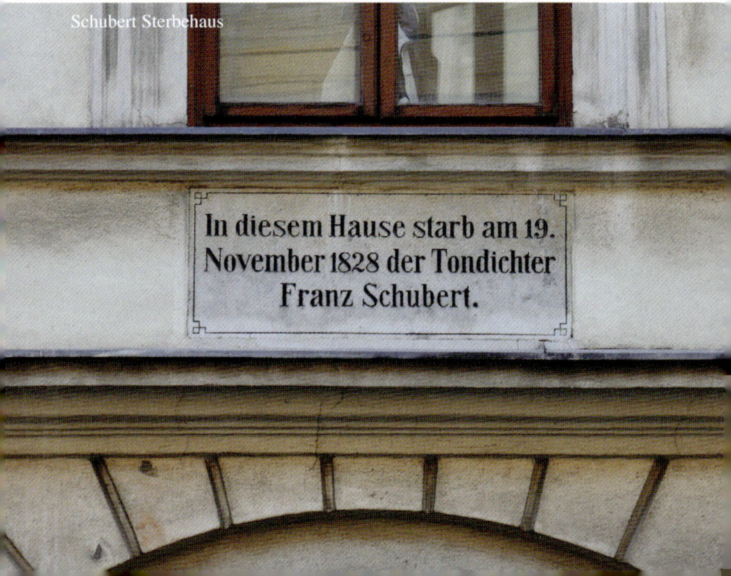

Schubert Sterbehaus

3. Schwanengesang

Er hinterließ uns einen unerschöpflichen musikalischen Schatz. Jede Musikergeneration interpretiert sein Vermächtnis neu. Umso kostbarer ist dieser Schatz angesichts der Umstände, unter denen er entstand. In einer Wohnung in diesem Biedermeierhaus befindet sich das Zimmer, in dem Franz Schubert am 19.11.1828 starb. Hier kann man sich jenseits allen Kitschs ein Bild davon machen, wie er lebte. Als er im September 1828 zu seinem Bruder in die Vorstadt Wieden zog, war das Haus gerade erbaut worden. Es war so neu, dass die Wohnungen noch feucht waren und man daher die Mieten für die sogenannten »Trockenwohner« herabgesetzt hatte. Die Feuchtigkeit strapazierte nun allerdings Schuberts schon angeschlagenen Gesundheitszustand zusätzlich. Aus der Wohnung seines Freundes Franz von Schober musste er leider ausziehen und seine Armut nötigte ihn somit, in ein Kabinett in die Wohnung seines Bruders zu ziehen, die dieser schon mit Frau und mehreren Kindern bewohnte. Daran sollte man denken, wenn man durch das bescheidene Stiegenhaus in den zweiten Stock steigt und in den Zimmern mit ihrer niedrigen Decke umher wandert.

Trotzdem war Schuberts Schaffenskraft auch unter diesen Verhältnissen ungebrochen. Er schrieb weiter an seinen Kompositionen und vollendete hier seine drei letzten Klaviersonaten. Erst zehn Jahre später wurden sie gedruckt.

An diesem Ort entstand auch sein allerletztes Werk, das betörende Streichquintett in C-Dur (publiziert erst 1853), dessen Aufführung er unglücklicherweise nicht mehr erleben durfte. Lapidar findet sich in der Auflistung des Vermögens die Zeile *»Außer einigen alten Musikalien, geschätzt pr. 10f. - (Gulden, Anm. d. Verf.) befindet sich vom Erblasser nichts vorhanden«*. Der Gesamtwert seiner Hinterlassenschaft betrug inklusive Gewand und Bettzeug 63 Gulden, was nicht einmal die Krankheits- und Begräbniskosten deckte.

Schubert Sterbewohnung, Ausstellungsansicht

Der Tod kam überraschend. Schuberts Körper war zu angeschlagen, auch noch eine Typhuserkrankung zu überstehen. Dabei hatte seine Karriere gerade erst begonnen. Ein halbes Jahr zuvor gab er sein erstes öffentliches Konzert. Unter den Ausstellungsstücken sind viele Reproduktionen von Schriftstücken. So finden sich auch Skizzen zur Grabinschrift von Franz Grillparzer auf seinem ersten Grab am ehemaligen Währinger Friedhof: »Die Tonkunst begrub hier einen reichen Besitz, aber noch viel schönere Hoffnungen.«

Franz Schubert Sterbewohnung: 1040 Wien, Kettenbrückengasse 6
Linie U4 › Kettenbrückengasse
Öffnungszeiten: Mi, Do 10:00-13:00 und 14:00-18:00
Jeden 1. Sonntag im Monat freier Eintritt

4. Wer hat's erfunden?

Dieser Schatz ist schwer zu beschreiben und eigentlich auch nicht zu betrachten, denn wir müssten ihn hören. Wir finden hier in der Josefstädter Straße nur eine Gedenktafel mit einem Porträt des Komponisten Josef Matthias Hauer als Relief. Aber auch in den Konzertsälen wird man Werke Hauers kaum finden, denn er komponierte auf eine neue Art, die selbst im Jahr seines Todes 1959 noch unerhört klang. Noch dazu handelt es sich bei seinen Stücken um sperrige Zwölftonmusik, die zwar eine der Grundlagen der Neuen Musik des 20. Jahrhunderts darstellt, aber noch immer den meisten Konzertbesuchern fremd geblieben ist. Es geht dabei im Prinzip um ein Hintereinander aller weißen und schwarzen Tasten am Klavier innerhalb einer Oktave. Diese Kompositionstechnik stellte eine musikalische Revolte gegen die damalige traditionelle Musiksprache dar, die aber auch heute noch den größten Teil aller konsumierter Musik ausmacht. Hauer kann für sich in Anspruch nehmen, mit seinem Werk »Nomos« op. 19 im Jahr 1919 die erste Komposition in dieser neuen Technik geschaffen zu haben, bleibt aber offiziell verkannt. Es ging um ein System zur Vermeidung

Gedenktafel am ehemaligen Wohnhaus

tonaler Klänge, aber als ein Regelwerk und nicht nach freier Inspiration. Zeitgleich begann der Wiener Arnold Schönberg 1921 ebenfalls die zwölf Töne so zu setzen, dass sie sich so spät wie möglich wiederholen, damit keiner von ihnen die Vorherrschaft erlangt und alle somit gleichberechtigt im Stück wirken. Schönbergs Art der Dodekaphonie konnte sich durchsetzen und er wurde zum Kopf der sogenannten Zweiten Wiener Schule, der viele andere Komponisten folgten.

Hauer dagegen ging bei seinem Regelwerk viel formaler vor und entwarf ein System, welches noch vor der eigentlichen Komposition das daraus entstehende Stück determiniert. Unterlegt wurde es durch Überlegungen, die der Musik esoterischen Weltordnungscharakter beimaßen. Der deutsche Philosoph Theodor W. Adorno, der auch Schüler des aus der Zweiten Wiener Schule stammenden Alban Berg war, bezeichnete Hauers Arbeit als die eines Uhrmachers und hat damit nicht ganz unrecht. Hauer kämpfte Zeit seines Lebens um die Anerkennung als Erfinder der Zwölftonmusik. Und eigentlich kann man nur erstaunt zur Kenntnis nehmen, dass in der Hauptstadt des kleinen Österreichs die Entwicklung der Zwölftontechnik gleich zweimal stattfand.

Gedenktafel Josef M. Hauer: 1040 Wien, Josefstädter Straße 74
Linie U6 › Josefstädter Straße oder 2, 5, 33 › Blindengasse
Jederzeit zugänglich

5. Der kurze Flug des Ikarus

Der Yppenplatz ist noch nicht vollends in der Hand der Bobos. Es gibt noch Lokale und Plätze, die an die späten Achtziger des letzten Jahrhunderts erinnern, als der Eiserne Vorhang gerade gefallen war und neues Leben in die Stadt kam. Der Brunnenmarkt und die fixen Marktstände am Yppenplatz, zusammen der größte Straßenmarkt Wiens, waren damals nicht schick, aber bunt und arm. Neben dem Club International, einer Pioniergründung von 1986, befindet sich das Haus Payergasse 12, an dem eine Inschrift an den Dra-

Gedenktafel Werner Schwab

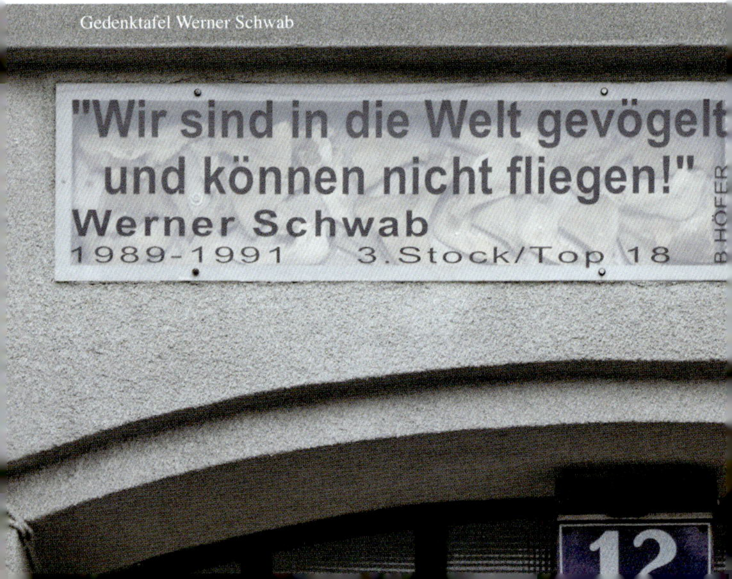

matiker Werner Schwab erinnert. Schwab hatte in Wien eine Zeitlang bei Bruno Gironcoli Kunst studiert, bevor er sich ganz dem Schreiben zuwandte. Der Künstler Bernd Höfer erwarb in dieser Aufbruchszeit das Gebäude und lud seinen Künstlerfreund Schwab aus Graz 1990 großzügigerweise ein, hier eine kleine Wohnung zu beziehen. Da dessen Beziehung gerade zerbrochen war, kam ihm der Umzug willkommen. Und mit der örtlichen Veränderung stellte sich auch erstmals Anerkennung für sein Werk ein. In diesem Haus vollzog sich eine Wende in seinem Leben. 1991 wurde sein Stück »Übergewicht, unwichtig: Unform«, aus dem auch das Zitat an der Hauswand stammt, im Schauspielhaus uraufgeführt und es begann sein irrwitzig schneller Aufstieg vom mittellosen Schriftsteller zum Kultautor mit der Verleihung des Preises des besten Nachwuchsdramatikers im selben Jahr. Hier entwickelte er, heute unvorstellbar, auf der Schreibmaschine sein von ihm kreiertes Kunstdeutsch weiter, welches als sogenanntes Schwabisch bekannt ist und das neben der vulgären Sprache seiner »Fäkaliendramen« einen gemütlichen Theaterbesuch gründlich verunmöglichen sollte.

Dann zog er er auch schon in eine andere Wohnung in Wien und kehrte schließlich 1993 nach Graz zurück. *»Wir sind in die Welt gevögelt und können nicht fliegen«* sagt Fotzi im Stück »Übergewicht, unwichtig: Unform«. Es ist der meistzitierte Satz aus Schwabs Oeuvre, wahrscheinlich auch weil er so grundösterreichisch nach Nestroy klingt. Er selber befand sich allerdings am höchsten Punkt seiner Flugbahn, als er sich die Flügel verbrannte. Es war die urösterreichische Droge Alkohol, mit der er seinen letzten biographischen Eintrag schrieb. Von Silvester bis zum Jahresbeginn 1994 hatte er sich eine Alkoholvergiftung mit über vier Promille Blutalkohol angetrunken, die zu Atemstillstand und schließlich zu seinem Tod führte.

Gedenktafel Werner Schwab: 1160 Wien, Payergasse 12 (Yppenplatz)
Linie 44 › Yppengasse; jederzeit zugänglich

Der Yppenplatz vor dem Wohnhaus von Werner Schwab

EU-SCHULPROGRAMM

Milch

Die Europäische Union möchte durch die finanzielle Unterstützung eine ausgewogene Ernährungsweise bei Kindern fördern. Daher gibt es das EU-Schulprogramm für Milch und Milchprodukte.

Weshalb in der Schule?

Schulen tragen eine große Verantwortung für eine ausgewogene Ernährung, da dieses Thema im Alltag oft zu kurz kommt. Der Zuckerzusatz ist streng geregelt, dieser beträgt im aktuellen Schuljahr maximal 3,5 Prozent! Die Reduktion des Zuckerzusatzes in den Schulmilchprodukten ist somit ein wichtiger Schritt um einer Süßprägung des Geschmackes entgegen zu wirken und den Kindern den natürlichen Geschmack von Lebensmitteln näher zu bringen.

Milcherlebnisse für Kinder

Tipp 1: Online-Milchquiz

Kinder lernen gerne spielerisch und unterhaltsam. Beim Online-Milchquiz handelt es sich um Fragen und Erklärungen zum Thema EU-Schulprogramm/Sektor Milch. Es ist kindgerecht aufgebaut und besteht aus Übungseinheiten und einer Überprüfung. Zum Abschluss kann man sich eine Urkunde ausdrucken.

Tipp 2: Experimente mit Milch

Mit Milch und Milchprodukten kann man spannende Experimente durchführen und dabei auch etwas lernen. Schmeckt blaues Joghurt anders als grünes Joghurt? Wie macht man Frischkäse selbst? Wie kann man mit Milch bunte Farbkreisel machen? Es stehen kurze Videos mit der Anleitung zur Verfügung.

Die Links zum Online-Milchquiz sowie zu den Videos über Experimente mit Milch finden Sie unter www.ama.at (> Fachliche Informationen > Schulprogramm > Informationen für Bildungseinrichtungen)

Tipp 3: Exkursionen

Die regionalen Schulmilchbauern bieten mit Einverständnis der Schule gerne auch Verkostungen und Exkursionen an.

Weitere Informationen:
www.ama.at/Fachliche-Informationen/Schulprogramm

Bleiben Sie immer am Laufenden und folgen uns auf Facebook und Instagram!

MIT FINANZIELLER UNTERSTÜTZUNG DER EUROPÄISCHEN UNION

PLACE 8

U-Bahn-Kunst

Die größte Galerie der Stadt

1. Old School

Schon seit dem Jahr 1993 befindet sich hier verteilt auf unterschiedliche Orte in der S- und U-Bahn-Station Wien Mitte eine Old-School-Videoinstallation des österreichischen Medienkünstlers Kurt Hofstetter. Es ist das älteste permanente Video-Computer-Kunstwerk im öffentlichen Raum in Österreich. Angeblich wurde es aus derart einfachen Bestandteilen zusammengebaut, dass diese bis heute nicht erneuert werden mussten. Wir, die wir ständig neue Hardware und Updates für Betriebssysteme und Apps brauchen, können uns das schwer vorstellen. Aber wie man anlässlich des fünfzigjährigen Mondlandejubiläums erfahren konnte, hat heute selbst eine Smarthome-Lampe mehr Rechenleistung als der Navigationscomputer an Bord des Apollo-Raumschiffs. Es ist gar nicht so einfach, die Monitore auf dem Bahnsteig zu entdecken. Ihr Aufbau soll an ein Pendel erinnern. Unter dem Bildschirm halten zwei parallele Stäbe einen Lautsprecher, der wie ein Pendelgewicht aussieht. Zwei parallele Gerade schneiden sich ja angeblich im Unendlichen. Natürlich tun sie das nicht im Rahmen der Geometrie des Euklid. Möglich ist das nur in einer projektiven Ebene.

Laut Pendelgesetz würde ein unendlich langes Pendel stillstehen, gleichbedeutend mit dem Ende der Bewegung auf dem Bildschirm. Auf diesem sieht man dann etwas, das aussieht wie eine Computergrafik aus den Siebzigern. Er gibt das Bild eines Fischaugenobjektivs wieder, das von

Das Fliesenmuster der Passage durch das Fischauge der Kamera

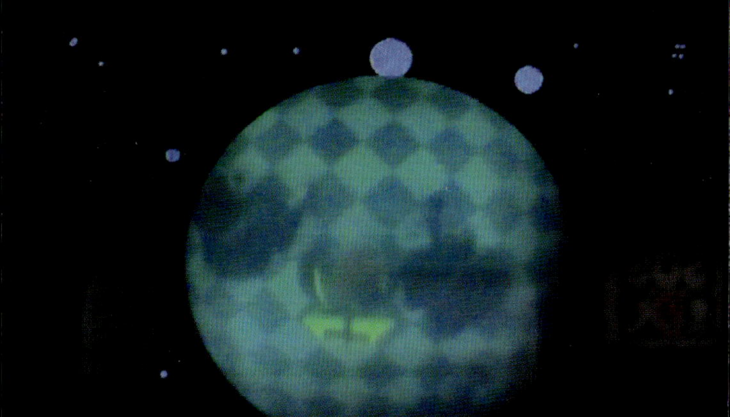

oben auf die Fliesen der nahegelegenen Passage ausgerichtet ist. Damit werden die vorbei eilenden Passanten erfasst. Wenn man genau acht gibt, hört man auch ihre Schritte aus den Lautsprechern. Die von Monitor und Mikrofon erfassten Menschen stellen für Hofstetter Pendelbewegungen dar, die während der Stoßzeiten umso heftiger und in der Nacht ruhiger sind. Zusätzlich hat Hofstetter seinen »Planet der Pendler mit den 3 Zeitmonden« auch als Uhr angelegt. Die drei hellen Punkte sind nicht nur die Trabanten des zentralen Planeten, sondern zeigen auch die Zeit an. Dem mechanischen Weltbild ist die Welt ein Uhrwerk. In freier Assoziation verbindet Hofstetter die physikalische Welt mit der sozialen.

Diese Verknüpfung lässt das Pendeln der Passagiere so naturgesetzlich wie das Kreisen von Himmelskörpern erscheinen. Im Zentrum der Gravitation liegt die ewige Unruhe der menschlichen Bewegung, des menschlichen Geistes.

Planet der Pendler: 1030 Wien, auf allen 4 Bahnsteigen der U3-/U4-/S-Bahn-Station Wien Mitte/Landstraße während U-/S-Bahn-Betriebszeiten Im U-Bahn-Bereich gültiger Fahrschein erforderlich

2. Umstieg in die Zukunft

Bildende Kunst, speziell die moderne, steht oft in Verdacht, schwer verständlich zu sein. Dabei ist der Betrachter als Zeitgenosse viel eher mit der Bildsprache vertraut als das bei einem altmeisterlichen religiösen oder allegorischen

Gemälde der Fall wäre. Wie gut, dass die »Wiener Linien« in ihren Anlagen den Passagieren modernste Werke präsentieren. Für die Gestaltung eines Zwischengeschoßes am Umsteigeknoten Karlsplatz, welches am Weg zwischen U1, U2 und Kärntnertorpassage passiert wird (die U2 wird gerade umgebaut), gelang es, den vielbeschäftigten Künstler Peter Kogler zu engagieren. Die Reihe seiner prestigeträchtigen Auftritte bei den großen Kunstereignissen reicht von mehrmaliger Teilnahme bei der »Biennale« von Venedig ebenso wie bei der »documenta« in Kassel bis zum »Museum of

Das Röhrenwerk unter dem Karlsplatz

Modern Art« in New York. Am Karlsplatz finden wir in den Stiegenaufgängen und dem Zwischengeschoß bis zum U2-Bahnsteig (bis Herbst 2023 geschlossen) wandhohe bedruckte Wandpaneele, die allesamt computergenerierte Objekte als ein verwirrendes System von monochromen Röhren zeigen. Die Bildtafeln scheinen einen Einblick in eine Unterwelt zu öffnen, der durch die komplexe Konstruktion Halt gegeben wird. Und soll es nicht auch bald den Hyperloop geben, eine Rohrpost, die uns Elon Musk 2014 als die Zukunft des schnellen Reisens versprochen hat?

Wer sich Zeit nimmt, kann Wiederholungen erkennen. Ähnlich wie im digital erzeugten Filmhintergrund wird die Illusion der Vielheit durch Iteration erzeugt. Daher ist das Kunstwerk prinzipiell offen für Erweiterung und könnte problemlos auf das ganze Areal erweitert werden. Hierin liegt auch der Reiz der Arbeitsweise. Welcher manuell arbeitende Künstler könnte die Wandflächen eines Bahnhofs, geschweige denn eines Flughafens in vertretbarer Zeit gestalten?

Schon Michelangelo brauchte vier entbehrungsreiche Jahre für die Decke der Sixtinischen Kapelle. Hier sind es über 190 Platten und am Grazer Hauptbahnhof sogar 2355m² Fläche, die Kogler mit seiner Technik zu gestalten imstande war. Sie passt zu einer Produktionsweise, in der die serielle und industrielle Produktion das Handwerk längst nahezu überflüssig gemacht hat. Und auf diese Weise ist das Werk in Inhalt und Form ganz und gar auf Höhe der Zeit, gleichzeitig dem Betrachter so zugänglich wie ein Werbeplakat.

Installation Kogler: 1040 Wien, Zwischengeschoß U-Bahn Karlsplatz U1, (U2), U4; geöffnet zu den U-Bahn-Betriebszeiten der Wiener Linien Gültiger Fahrschein erforderlich

3. Irrlichter

Am Hauptbahnhof treffen sich die Schienenwege der Züge, Schnellbahnen, U-Bahn und Straßenbahnen. Wer sich hier

Passage zum Hauptbahnhof mit Symboltafeln

orientieren muss, vertraut sich heute schon oft seinem Smartphone an. Wer seinen Weg selbst suchen möchte, muss den analogen Wegweisern folgen, die sich mit unterschiedlichen Farben, Zeichen, Schriftarten und Größen einen Kampf um beste Sichtbarkeit und Verständlichkeit liefern und machen sich durch diese Konkurrenz doch gegenseitig tendenziell unsichtbar.

Die Installation SUED des Konzeptkünstlers Franz Graf aus dem Jahr 2012 kapert diese Wahrnehmungssituation des orientierungslosen Passanten auf dieselbe Weise, wie es den Irrlichtern nachgesagt wird, die im Moor den nächtlichen Wanderer vom rechten Weg ablenken wollen. Auf insgesamt vier Wandbildern, realisiert als 65 Glaspaneele mit Digitaldruck, öffnet der Künstler das Tor in eine andere Welt der Bedeutung und des Sinns von Zeichen und Bildern. Auch dieses Werk wurde im Rahmen des großen Projekts der Wiener Linien zur künstlerischen Bereicherung des öffentlichen Raums geschaffen. In einem Wettbewerb, den sie zusammen mit den ÖBB und KÖR - Kunst im öffentlichen Raum veranstalteten, setzte sich Franz Graf als Sieger durch. Auch wenn die Hochglanzplatten an Werbeflächen erinnern, sind ihre Zeichen doch das glatte Gegenteil von trivialen Werbebotschaften. Hier wird nichts behauptet, sondern Körper und Porträts in Form von Zeichnungen, Fotografien und Fotomontagen von Fundstücken lassen den Betrachter frei assoziieren und locken dessen eigene innere Bilder hervor. Kreisförmige Ornamente beschwören dabei eine Art naturgesetzlicher Ordnung in den Zusammenstellungen. Die Scheiben verweisen möglicherweise auf eine Art logischer Maschine, die beim Drehen Antworten auf alle denkbaren Fragen liefern sollte, so wie sie der Scholastiker Ramon Lull ersonnen hatte.

Auch die Wörter und Buchstaben in vielen Schriftarten und Farben sind für den Sinnsucher oft sogenannte »false

Wegweiser nach innen am Südtiroler Platz

friends«, die falsche Fährten legen können, manchmal aber auch ein wenig aus der Gedankenwelt des Künstlers verraten. »Oriens < MERIDIES« flüstert da eine Stimme und spricht die alten Namen der Himmelsrichtungen für Osten und Süden aus und erinnert daran, dass der heutige Hauptbahnhof ja auf dem Gelände des alten Ost- und Südbahnhofs errichtet wurde. Gut haben es diejenigen, die regelmäßig den Untergrund passieren und sich dabei immer wieder von den Irrlichtern ein wenig ins eigene Ich verführen lassen.

SUED: 1040 Wien, Station Südtiroler Platz/Hauptbhf; Passage zwischen U1 und Bahnhof; geöffnet zu den U-Bahn-Betriebszeiten der Wiener Linien

4. Schwarz auf weiß

Der Effekt ist vor allem stark, wenn man die lange Rolltreppe nach unten fährt. Die neun schwarz-weiß gemusterten Tafeln sind perfekt in die Verkleidung der Bahnsteighalle eingepasst. Zwischen den Platten befinden sich Spiegel, die Tiefe imaginieren. Dadurch öffnet sich zwischen dem Dickicht der Striche die Wand. Und wenn wir richtig stehen, sehen wir uns auf der anderen Seite. Der Graphiker Erich Steininger war ein Großmeister des Holzdrucks. Er war auch Mitglied im Künstlerhaus, der Gesellschaft bildender Künstlerinnen und Künstler Österreichs, der ältesten noch bestehenden Künstlervereinigung. Ihr Haus am Karlsplatz bot 1999 genug Platz für eine Präsentation einer Serie von Holzschnitten, die zusammengesetzt ein riesiges Ausmaß erreichten. Dafür hatte der Künstler Holzplatte für Holzplatte von Hand bearbeitet. Danach wurde jede Tafel auf Papier gedruckt, worauf schließlich eine Zusammenstellung aller Blätter zu einem Teppich im Format von 13×4,8 Metern folgte. Er war die Grundlage für die hier ausgestellten Siebdrucke auf Email. Für die Übertragung mussten die Arbeiten nicht einmal vergrößert werden.

Wir stehen in einer Wildnis vor einem Dickicht. Und wie es der Künstler mit dem Titel »Spiegelbilder« andeutet, sind

Schwarz-weiße Wildnis am Enkplatz

wir Teil davon. Oder sollten wir jeden Bezug zur realen Welt weglassen und nur rein die Formen betrachten? Beim Betrachten könnte man meinen, wir hätten ein einziges Muster vor uns, denn die Grafik ist durchgehend dicht gewebt. Aber die Striche sind nicht überall gleich verteilt. Einmal sind sie eckiger, dann runder, zarter oder heftiger gesetzt. Jeder Haken, jede Auslassung waren eine bewusste Entscheidung. Und dennoch muss auch mit den Zufälligkeiten des Materials Holz gerechnet werden, was der Sohn eines Zimmermanns schon von Kindheit an gelernt hatte. Man spürt die Besessenheit, die den Künstler angetrieben hat, die Flächen zu füllen, auch Zentren zu definieren, ohne dabei den Rhythmus zu verlieren. Je länger man das Werk betrachtet, desto mehr Tiefe gewinnt es auch. Obwohl es keinen Vorder- oder Hintergrund gibt, bewegen sich einzelne Partien vor und zurück.

Der deutsche Expressionismus hat die alte Tradition des Holzschnitts im frühen 20. Jahrhundert neu belebt. Die starken Schwarz-weiß-Kontraste der Grafiken waren vor allem Mittel, Gefühlswelten darzustellen. Der Expressionismus wollte Emotionen ansprechen und erregen. Erich Steininger hat die Spuren eines emotionalen Ausbruchs hier souverän beherrscht in ein kühles Konzept eingepackt.

Spiegelbilder: 1030 Wien, U3-Station Enkplatz
Geöffnet zu den U3-Betriebszeiten; gültiger Fahrschein erforderlich

5. Im Vorübergehen

Auf »Circa fünfundfünfzig Schritte durch 'Europa'« schätzte Adolf Frohner die Länge seines Wandbildes. Es befindet sich an einem Umsteigeknoten des U-Bahn-Systems. Ruhiges Betrachten ist meist nicht möglich. Und doch hält das Werk der Hektik der Passage stand. Zuallererst natürlich durch seine monumentalen Ausmaße. Aber auch durch die auf drei Farben reduzierte Palette Rot, Schwarz und Weiß. Glas, Metall und Steine setzen zusätzliche Akzente. Zehn Jahre nach seiner Fertigstellung musste eine transparente

Installation in der Passage Westbahnhof

Schutzwand davor montiert werden. Frohner erzählt hier seine Sicht auf Europa, nach westlicher Leseart von links nach rechts. Die Installation beginnt mit Glasplatten, die den Durchblick auf Sedimentschichten zeigen, Erdzeitalter andeutend. Dunkle Felsen liegen davor auf rotem Granit, aus dem verkohlte Baumstämme ragen. Wenige Elemente reichen, um die vormenschliche Welt zu skizzieren. Ockerrote Ziegel schließen an. Mit kräftigen großen Strichen wurde hier geritzt und gezeichnet. Es ist eine Hommage an eine der ältesten Bildschöpfungen der Menschheit, an die Wandmalereien in den Höhlen von Lascaux. Obwohl er deren Formensprache zitiert, bleibt Frohner unverwechselbar expressionistisch. Deutlich wird auch, wie er sich gleichermaßen als Bildhauer und als Maler verstand.

Je weiter wir nach rechts gehen, desto konkreter werden die Darstellungen. Wie ein Lichtstrahl erscheint ein weißes Rechteck, davor ein Pfeiler. Sie tragen griechische und lateinische Buchstaben. Die antike Welt, auf der Europa aufbaut, ist ein kurzer Abschnitt auf dieser Wand. Mosaiken von Fisch und Taube deuten das Christentum an. Statische Figuren führen durch das Mittelalter, das mit einer royalen Szene endet. Von Leonardo da Vinci werden Skizzen von Maschinen neben einem Embryo gezeigt. Drei geschlossene Türen führen in die Neuzeit. Es sind düstere Materialbilder, die vielleicht am ehesten merken lassen, dass der Künstler ein Mitbegründer des Wiener Aktionismus war. Ein wenig dekorativ wirken die geometrischen Elemente aus Nirosta am Ende, die Gegenwart deutend. Das Werk von 1993 sollte wohl auch für den Beitritt zur Europäischen Union werben, der am 1.1.1995 vollzogen wurde. Abgeschlossen wird die Wand durch eine große schwarze perfekte Steinkugel, die als Symbol des unerbittlichen Laufs der Welt erscheint.

Circa fünfundfünfzig Schritte durch Europa:
1150 Wien, U3- und U6-Station Westbahnhof
Geöffnet zu den U-Bahn-Betriebszeiten der Wiener Linien

Skulpturen

Form & Konzept

1. Yellow Fog
2. TANKE 24/7
3. Sturz/AUVA-Gebäude
4. Asperner Löwe
5. Mahnmal: Schatten und Licht

1. Bühnenzauber

Tagsüber ist kaum etwas zu bemerken von der raffinierten Technik, die erst beim Einbruch der Dämmerung ihr Werk beginnt. Ein 48 Meter langer Graben vor der Fassade wird durch unauffällige Gitterroste verdeckt. Sie verbergen die Bauteile der Installation, die erstmals 1998 in New York ein Publikum verzauberte. Im Wiener Stadtgebiet liegen aber bereits eine Vielzahl von Kabeln und Leitungen unter der Straße und deshalb konnte nicht so einfach der Gehsteig aufgegraben und umgebaut werden. Drei Jahre dauerte es vom Umweltverträglichkeitsgutachten bis zur Genehmigung der Verlegung des letzten Kabels, bis das Projekt verwirklicht werden konnte. Es besteht im Wesentlichen aus einer Nebelmaschine samt Beleuchtung und ist natürlich computergesteuert. Der erzeugte Nebel wird immer zur Zeit der Dämmerung und für rund eine Stunde durch 32 Leuchtstoffröhren in gelbes Licht getaucht. Der Zeitpunkt verschiebt sich mit dem Jahreslauf der Sonne. Je nach Wind verbleibt der Nebel am Ort oder wird über den Platz getrieben. Während er auf einer Bühne für Dramatik sorgen soll, ist er hier selbst der Höhepunkt der Show. Es ist ein Leichtes, sich der lyrischen Stimmung hinzugeben, wenn die gelblichen Schleier die Fassade aufzulösen scheinen. Der dänische Künstler Ólafur Elíasson ist ein Master of Ceremony in der internationalen Kunstwelt. Die Verantwortlichen der »Sammlung Verbund«, die dem größten österreichischen Energieunternehmen gehört, haben das Werk zum richtigen

Nebelzauber Am Hof

Zeitpunkt erworben, als sein Stern gerade im Aufgehen war. Und er inszenierte dem Unternehmen an der Fassade ihres Hauptgebäudes mit Hilfe von elektrischem Licht ihre Kernkompetenz Energie.

Das Berliner Studio von Elíasson beschäftigt heute an die 100 Mitarbeiter aus unterschiedlichen Disziplinen, mit deren Hilfe er die Bühnenmaschinerie für seine Installationen erschafft. Damit weiß er sein Publikum zu unterhalten und bietet ihm sinnlich ansprechende Aufführungen von Natur und Naturphänomen durch sein Barocktheater der Gegenwart. Und diese holte auch unser Kunstwerk ein, denn im Zug der Energiekrise, verursacht durch den Ukrainekrieg, entschloss sich der Eigentümer die Installation als Signal des guten Willens zum Energiesparen bis auf weiteres abzustellen. Somit wird noch die Absage der Aufführung zu einer eigenen Intervention.

Yellow Fog: 1010 Wien, Verbund-Zentrale, Am Hof 6a
Linien 1A, 2A, U3 › Herrengasse
Täglich während der Abenddämmerung, aktuell abgestellt

2. Der letzte Ort

Der Mittelstreifen einer der meistbefahrenen Straßen Österreichs ist einer der ungemütlichsten Orte der Stadt. Aus diesem Niemandsland haben die Stadt und die Bezirke Margareten und Meidling eine Wohlfühlfläche geformt. Benannt wurde sie 2019 nach einem aufrechten Kämpfer an der Musikfront, dem 2018 verstorbenen Skandalrocker Stefan Weber. Über dreißig Jahre performte er mit seiner Band »Drahdiwaberl« gegen spießige Sitten und den guten Geschmack. Zuletzt erwischte ihn dann doch noch ein silbernes Verdienstzeichen des Landes Wien und posthum eben dieser Park. 2021 spendierte die Stadt Nebelduschen und einen Trinkbrunnen sowie Bäume und Sträucher. Den Basketballkäfig und die neue Skateanlage für die Jugend hätte der unbegreiflicherweise auch langjährig als Lehrer tätige Musiker

Diese Tankstelle am Gaudenzdorfer Gürtel hat immer offen

sicherlich ebenso befürwortet. In gebührendem Abstand zu diesen Einrichtungen wird die Wiese durch zwei Betonstreifen unterbrochen, die eine Durchfahrt sein könnten. Zwischen den beiden asphaltierten Wegen ist abermals ein Grünstreifen, auf dem zwei dünne Ständer stehen, die die nackten Streben einer Dachkonstruktion halten. Beide stilisierte Zapfsäulen zwischen den Metallpfeilern evozieren das Bild einer Tankstelle. Es handelt sich um die Installation mit dem Titel »TANKE 24/7« aus dem Jahr 2021. Entworfen wurde sie von der Künstlerin Toni Schmale, die ihre norddeutsche Herkunft im Titel des Werks anklingen lässt. Ihre Tankstelle ist immer offen, obwohl aus dem unfertigen Zustand und der Platzierung zwischen zwei Wildwiesen nicht ganz klar hervorgeht, ob sich der Bau im Abbruch oder Aufbau befindet. Egal, so lange sie geöffnet bleiben, sind Tankstellen Orte der Begegnung. Der ökologische Wert der fossilen Treibstoffe mag umstritten sein, aber das angeschlossene Café ist mittlerweile in vielen Orten der Provinz das einzig verbliebene Wirtshaus.

Und auch in der Stadt gibt es eine Subkultur mit Supermarkt und Automatenkaffee, die abschätzig »prollig« genannt wird und gerade deshalb in diese Arbeitergegend passt. Die Künstlerin nennt ihr Werk einen »Gartenpavillon getarnt als dysfunktionale Tankstelle« ohne Konsumationszwang. Mit Mucke von »Drahdiwaberl« aus dem Smartphone und einem Träger Bier wird die Tanke zum völkerverbindenden Treffpunkt, der die Verkehrshölle »Gürtel« vergessen macht.

TANKE 24/7: 1050, 1120 Wien, Stefan-Weber-Park, Gaudenzdorfer Gürtel
Linie 12A › Gaudenzdorfer Gürtel; U4, 6, 18 › Margaretengürtel
Jederzeit zugänglich

3. Zukunftsglaube

Diese Skulptur will monumental sein, denn sie muss monumental sein. In einer Ecke an einer vielbefahrenen Kreuzung stehend, hat sie es nicht leicht, wahrgenommen zu werden.

Wer dort zu Fuß über die Straße will, muss sechs bis acht Fahrbahnen überqueren. 1977, als die Skulptur aufgestellt und die Umgebung neu gestaltet wurde, war die Autowelt noch intakt. Und es ist auch nicht einfach, ihr näher zu kommen, denn der Aufstellungsort ist durch eine niedrige, aber dichte Hecke abgezäunt. Groß ist auch das Bauwerk, vor dem die Plastik steht. Weiße siloartige Türme schützen eine Festung aus rund 15 Stockwerken, die mit blau gestrichenem Gestänge bewehrt ist. Das Gebäude der »Allgemeinen Unfallversicherungsanstalt AUVA« wurde im gleichen Jahr errichtet. So ist es auch nicht ohne Ironie, dass der Titel unseres Kunstwerks »Der Sturz« ist.

Und tatsächlich sieht das Kunstwerk wie ein Bauteil aus, der vom Himmel gefallen ist. Vielleicht von einer Raumfähre oder einem Flugzeug. Dieser Eindruck verstärkt sich noch dadurch, dass es mit seinen unteren Zacken fest in der Wiese steckt. Eigentlich besteht das Werk nur aus zwei Hauptrichtungen, die einander kreuzen. An einen Balken sind zwei Scheiben geschweißt, sodass der Schatten unterhalb ein Kreuz bildet. Die Skulptur ist aus nichtrostendem Stahl geformt, dessen glatte Oberflächen elegant glänzen.

Der Künstler Oskar E. Höfinger möchte durch die Reduktion seiner Objekte auf Kanten, Ecken und Flächen ihr Wesentliches festhalten. So abstrakt die Komposition auch erscheinen mag, beschreibt der österreichische Bildhauer die Plastik dennoch als anthropomorph. *»Ein gestürzter Mensch erhebt sich und findet neuen Lebenswillen«* – so die Widmung – Das Werk möchte also als optimistisch aufgefasst werden. Hier ist »Aufstehen« das eigentliche Thema und nicht der »Absturz«, sein symbolischer Charakter liegt im Aufrichten der abstrakten Form. Das Gewicht ruht nur noch auf drei Punkten und bald wird die Figur wieder ganz stehen. Es geht darum, *»sich den Staub abzuklopfen und wieder in den Sattel zu steigen«*. Da klingt auch etwas von der zukunfts-

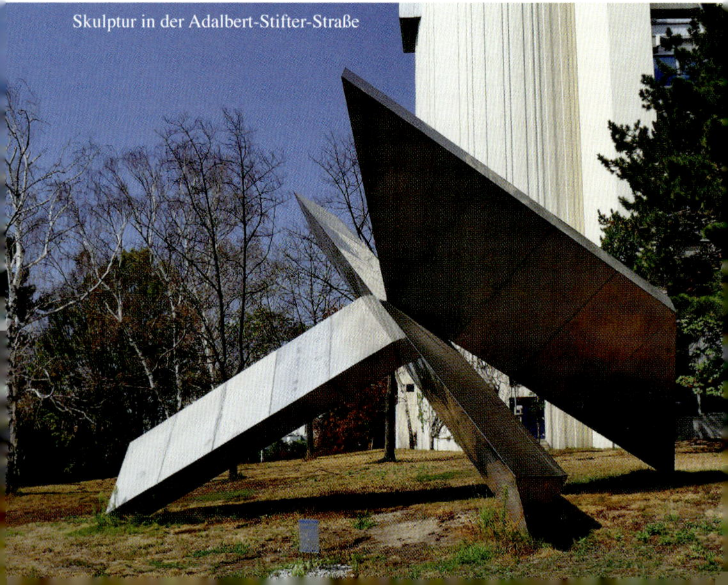
Skulptur in der Adalbert-Stifter-Straße

gläubigen Haltung der Siebzigerjahre an, eine Zeit der Vollbeschäftigung und der beginnenden rechtlichen Gleichstellung aller gesellschaftlichen Gruppen. Denkt daran, wenn ihr beim Vorbeigehen oder -fahren kurz ein Glänzen auf der Wiese wahrnehmt.

Sturz: 1200 Wien, Adalbert-Stifter-Straße 65-67 (AUVA-Gebäude)
Linie 37A › Lorenz-Müller-Gasse oder 5A, 11A › Leystraße
Mit Dank an Sonja Painsipp für diese »Schatzentdeckung«

3. Heldenpropaganda

Im Mai 1809 wurde Wien nach 1805 zum zweiten Mal von Napoleon eingenommen. Kurz darauf lieferte er sich mit dem Oberbefehlshaber der österreichischen Armee Erzherzog Karl einen zweitägigen Kampf bei Aspern. Die Österreicher deuten den Ausgang der Schlacht bis heute propagandistisch als Sieg, während die Franzosen den Ausgang für unentschieden ansehen. Ein paar Wochen später kam dann allerdings die entscheidende Niederlage für den Erzherzog in der Schlacht bei Wagram, worauf der Generalissimus eigenmächtig einen Waffenstillstand schloss, der aber auch nicht lange hielt und den Krieg nur vorübergehend unterbrach. Jahrzehnte nach diesem Ereignis gab 1850 Erzherzog Albrecht, der Sohn von Karl, beim Bildhauer Anton Dominik Fernkorn ein Denkmal in Auftrag. Denn dieser war auch schon zwei Jahre zuvor mit dem Reiterdenkmal für Karl auf dem Heldenplatz betraut worden. Aber auch das Denkmal in Aspern steht natürlich auf einem Heldenplatz, dem von Aspern. Während in der Stadtmitte die Person des Siegers verherrlicht wurde, ging es hier um sein Personal. Das fast vier Meter hohe Monument sollte an die rund 4.000 in der Schlacht »ruhmvoll gefallenen österreichischen Krieger« erinnern. Fernkorn entwarf dafür einen Löwen, dessen Gipsmodell heute im Heeresgeschichtlichen Museum zu besichtigen ist. Das Tier ist perfekt naturalistisch ausgeführt, wofür der Künstler im Tiergarten Schönbrunn rege Naturstudien betrieb. Am schmerzverzerrten Antlitz des Löwen erkennt

Der Löwe von Aspern

man die tödliche Verwundung, denn eine Lanzenspitze ragt in der Herzgegend aus seiner linken Brust. Unter seinen Pranken liegen aber überdeutlich die Insignien des besiegten Franzosen: Drei Adlerfeldzeichen der Grande Armée, ein Brustpanzer und ein Imperatorenmantel versehen mit einem »N«. Um den Stein windet sich eine Girlande aus Eichenlaub als Zeichen der Standhaftigkeit und Treue der österreichischen Truppen.

Der Löwe wurde von Zengler und Beyer aus Sandstein gemeißelt und 1858 enthüllt. Weil dieser aber anfällig für Frostschäden ist, wird er im Winter abgedeckt. Mit seiner Haube wirkt das Denkmal aber erst recht als Symbol der Vergänglichkeit nicht nur des Steins, sondern auch des Lebens und des Ruhms. Daher sollten wir auch nicht die 7000 in der Schlacht getöteten französischen Soldaten vergessen. Was die Propaganda der Denkmäler aber unterschlägt, ist die Tatsache, dass Karl wegen seines Friedensschlusses nach Wagram seines Amtes enthoben wurde. Und sein Reiterdenkmal vor der Neuen Burg schließlich, welches 1859 zum fünfzigjährigen Jahrestag der Schlacht von Aspern enthüllt werden sollte, wurde wegen der blutigen Niederlagen in Italien und dem Verlust der Lombardei gar erst ein Jahr später als geplant enthüllt.

Asperner Löwe: 1220 Wien, Asperner Heldenplatz
Linie 25 › Aspern Oberdorfstraße bzw. 92A › Asperner Heldenplatz

5. Licht und Schatten der Postmoderne

Zum Rosa an den Wänden der Wohnhausanlage gesellt sich das unverzichtbare Mintgrün der Achtziger. Der Bau ist ein Hauptwerk der Postmoderne in Wien, errichtet von 1984 bis 1987 durch die Architekten Rob Krier, Hedwig Wachberger und Peter Gebhard. Von oben gesehen ähnelt der Grundriss einem Fisch, ein für diese Architektur bezeichnender extravaganter Einfall. Offenbar haben sich die Architekten auch von den neorömischen Formen des Aquädukts der 1. Wiener Hochquellenwasserleitung inspirieren lassen, welche das

Im Rundhof der Wohnhausanlage Breitenfurter Straße

Areal überspannt. Denn die Postmoderne versteht sich als Kritik an rein funktionaler Architektur. Durch Rückgriff auf frühere Stile und Ortsbezug sollen seelenvolle Bauten entstehen. Wenn wir durch ein niedriges rundbögiges Portal in einen kleinen Hof gehen, wo Säulen und Gesimse prangen, soll das die Geborgenheit einer römischen Provinzstadt vermitteln. Zur Straße hin wiederum zitiert die geschlossene Front der Anlage die Erscheinung der großen Gemeindebauten des »Roten Wiens«. Aber auch hier täuscht der Schein, denn in Wirklichkeit haben wir zusammenhängende Mehrfamilienhäuser vor uns, die Krier den großen Wohnmaschinen der Moderne vorzieht.

Der von 1976 bis 1998 an der Technischen Universität Wien lehrende Architekt konnte sich vor allem als Stadtplaner einen Namen machen. Als solcher hat er hier auch einen zentralen Platz in der Mitte eines Rundbaus geschaffen, zu dem vier unterschiedlich gestaltete Zugänge führen. In die Mitte des 32 Meter tiefen Arkadenhofs hat Krier allerdings kulturkritisch statt Kunst eine Platane setzen lassen. Versetzt platzierte der Bildhauerarchitekt eine von ihm selbst geschaffene fünf Meter hohe Plastik aus Kunststeinguss. Die Platane behindert aber die freie Sicht und stellt die Figur auch buchstäblich in den Schatten. Die absichtlich fragmentarisch ausgeführten Körper lassen das Werk eher massig als monumental erscheinen. Auf einem Lüftungsschacht mit

Schlitzen, der merkwürdigerweise als Sockel dient, drängen sich zwei Männertorsi, der eine in gebückter Haltung mit Blick nach Norden, der zweite armlos und in aufrechter Haltung nach Süden. Beide bemühen sich angestrengt einen Sturz vom Sockel zu vermeiden. Stellt die Plastik etwa den Kampf zwischen modernem und postmodernem Denken dar? Dann könnte ihr Titel »Mahnmal: Schatten und Licht« auch als Leitfaden zum Betrachten der Anlage dienen.

Mahnmal »Schatten und Licht«: 1230 Wien, Breitenfurter Straße 401-413
Linien 250, 253, 259 › Hoferstiege; Jederzeit zugänglich

Skulptur von Rob Krier

PLACE 10

Figurales

Das menschliche Maß

1. **Befreiung-der-Quelle-Brunnen**
2. **Skulpturengalerie Anton Hanak**
3. **Freunde**
4. **Hrdlicka-Grabmal**
5. **Turnende Knaben**

1. Neue Helden

Zu Beginn des 20. Jahrhunderts wurde die Wien reguliert. Im Stadtpark entstanden so entlang des Ufers verspielte Stiegen und Brücken. Auf einer dieser Stiegenanlagen, die zur Uferpromenade hinabführen, steht unser Schatz. Geschaffen hat ihn 1903 Josef Heu, Mitglied des Hagenbundes und der »Genossenschaft der bildenden Künstler Wiens«, des Künstlerhauses. Nach dem Anschluss 1938 bestraften ihn die Nationalsozialisten für seine Heirat mit einer Jüdin mit Arbeitsverbot. Er emigrierte nach London und kehrte bis zu seinem Tod 1952 nie wieder zurück. Aber er beteiligte sich 1946 mit der Plastik »Rufer in der Wüste« an der antifaschistischen Ausstellung »Niemals vergessen«.

Kommt man vom Stadtpark, sieht man zwei Männer, die sich mit einem Felsen abmühen. Die Figurengruppe steht ganz frei ohne Podest am Boden. Hier wurde versucht, eine

Skulptur vollkommen natürlich in die Umgebung zu integrieren. Kommt man vom Wienfluss, betritt man eine Treppe, die sanft die Höhendifferenz zum Park überwindet. Sie hat breite, aber ganz niedrige Begleitmauern. Vor einem kleinen Brunnenbecken teilt sie sich und lenkt den Blick auf den Stein, mit dem die Zwei ringen. Von hier aus sieht man, dass er Teil einer niedrigen Felswand ist, die bis ins Becken reicht. Jetzt wird auch klar, womit die beiden Männer kämpfen. Sie heben mit aller Kraft den obersten Stein an. Aus dem entstandenen Spalt sprudelt Wasser. Leider nur

»Befreiung der Quelle« im Stadtpark

zaghaft, denn die Wasserzuleitung scheint renovierungsbedürftig zu sein. Die Gesichter der Männer sind von Anstrengung gezeichnet: Einer zerrt vornüber gebeugt am Stein, während der andere versucht, den Fels mit seinem Rücken durch die Kraft seiner Schenkel wegzudrücken. Es sind zwei Athleten, deren Muskeln auf das Äußerste angespannt sind. Obwohl beide nackt sind, ist nichts Anstößiges zu sehen. Der Künstler hat sie so geschickt platziert, dass kein Feigenblatt nötig war. Die Figuren sind aus Leithakalk und die Felsen aus Konglomeratgestein vom nahen Leithagebirge gemeißelt.

Wir haben hier eine Neuinterpretation des Genres der Brunnenskulptur vor uns. Diese waren vor allem in den Parkanlagen des Adels zu finden, in denen man vorwiegend mythologische Figuren in Szene setzte. Auch hier gibt es eine allegorische Anspielung, denn im Titel »Die Befreiung der Quelle« klingt der ewige Kampf um die Freiheit an. Aber wir sehen hier keine griechischen Götter am Werk, sondern die starken Männer ihrer Zeit, wie sie auch bald als Helden der Arbeit in der proletarischen Kunst auftauchen werden. Die Mühe ihrer Arbeit sollte sie adeln, nicht ihre Geburt.

Befreiung-der-Quelle-Brunnen: 1030 Wien, zwischen Teich und Wienfluss
Linie U4 › Stadtpark oder Linie U3 › Stubentor
Jederzeit zugänglich

2. Brennen für die Kunst

Vor dem Bundesamtsgebäude befindet sich eine großzügige Freiluftgalerie. Im Bereich der Straßenbahnhaltestelle »Hintere Zollamtsstraße« werden uns sieben überlebensgroße Skulpturen auf hohen Podesten präsentiert. Es sind allesamt Bronzeabgüsse nach Arbeiten in Stein oder Gips, gefertigt vom Bildhauer Anton Hanak. Er war einer der Künstler, die die Verheerungen des Ersten Weltkriegs und den Fall des Vielvölkerstaats Österreich miterleben mussten. Die Erfahrung des Untergangs einer Welt beeinflusste auch sein Werk.

»Weibliche Aktfigur« von Anton Hanak

In einer ersten Periode vor dem Krieg schuf er oft blockhafte in sich ruhende Figuren. Passend sind diese Arbeiten oft auch in Stein ausgeführt. Noch während des Kriegs wandelte sich seine Auffassung von Skulptur und seine Figuren wurden zunehmend expressiver. Diese Entwicklung kann man beim Abschreiten der Galerie gut studieren.

Links steht ein junger Mann, der recht konventionell seine Arme vor der Brust verschränkt. Das Original wurde aus Stein gemeißelt. Daneben gibt es raumgreifende Figuren und labile Positionen. Für diese fand er Stein als Material oft nicht mehr geeignet und der Künstler verwirklichte seine Ideen immer wieder als Gipsmodelle. Besonders ausdruckstark ist das Werk mit dem symbolischen Titel »Der brennende Mensch«. Diese berühmte Figur von 1922 befindet sich ganz rechts in der Reihe. Ein Mann greift dort mit den Armen nach oben ins Leere, während er sich aufrichtet. Der Körper scheint von innen heraus auf das Äußerste bewegt zu sein und zu vibrieren. Auch das Gesicht drückt Anspannung aus, nicht aber Schmerz. Es ist ein heiliges Feuer, für das dieser Mann zu brennen scheint. In den Sockel der Plastik hat der Künstler dazu die Inschrift »Du brennst und verbrennst« geritzt. Geht man um die Ecke entlang der Vorderen Zollamtsstraße, findet man noch die Plastik »Liegende weibliche Aktfigur« von 1922. Entspannt ausgestreckt liegt da wahrscheinlich seine Geliebte Helene Koenig. Die Augen geschlossen, umklammert sie mit beiden Händen einen Polster, auf dem sie ihren Kopf gebettet hat. Aber da ist nichts, was sie in ihrer Lage halten könnte. Nur an ihrer Hüfte ist sie weich abgestützt. Beine und Oberkörper scheinen auf einer imaginären Fläche zu lagern, als wäre es ein Zaubertrick. Die Grenze zur Abstraktion hat Hanak nie überschritten. Das hat dann sein berühmter Schüler Fritz Wotruba besorgt.

Skulpturengalerie Anton Hanak: 1030 Wien, Radetzkystraße 2 (Bundesamtsgebäude); Linien O, 1 › Hintere Zollamtsstraße
Jederzeit zugänglich

»Der brennende Mensch« in der Radetzkystraße

3. Freundschaft

Unser Schatz findet sich verborgen in einer Hofecke des Theodor-Körner-Hofs. Es ist eine kleinformatige Skulptur aus Bronze auf einem Steinsockel, gerade einmal eineinhalb Meter lang und einen Meter hoch. Sie stellt einen jungen Mann und eine junge Frau dar. Die beiden stützen sich aneinander ab und geben einander gegenseitig Halt. Sie lehnt sich mit ihrem Rücken an seine linke Schulter, mit der er sich ihr entgegen stemmt. Auf diese Weise ausbalanciert strecken sie ihre schlanken Körper in entgegengesetzte Richtungen. Auch ihre Köpfe ruhen beisammen. Beide tragen ihr Haar kurz, was zur androgynen Erscheinung beiträgt. Auf ihren Gesichtern liegt ein Hauch von Zärtlichkeit und ihr ruhiger Blick richtet sich in die Ferne. Sie scheinen einer guten Zukunft entgegen zu sehen. Seine rechte Hand hält der junge Mann erwartungsvoll geöffnet in seinem Schoß. Die Beine haben sie spiegelbildlich übereinander gekreuzt. Er hat die Hand seines aufgestützten Arms mit zärtlicher Selbstverständlichkeit auf ihren Unterarm gelegt. Es scheint eine innere Verbundenheit dieser Teenager zu geben.

Aber die Skulptur hat keine vordergründig erotische Anmutung. Ihre Darstellung von natürlicher Nacktheit könnte man ebenso gut in einem Strandbad für Naturisten wie auch an einem griechischen Tempel finden. Erschaffen hat diese Arbeit 1957 der Bildhauer Siegfried Charoux. Nach dem

Zweiten Weltkrieg war er wieder nach Wien zurückgekehrt, von wo er bereits zur Zeit des Ständestaats 1935 fliehen musste. Die Skulpturengruppe erhielt von ihm den Titel »Freunde« und nicht »Liebespaar«. Damit deutete er eine berührende Utopie von Freundschaft zwischen Mann und Frau an, jenseits der üblichen Darstellung als Liebespaar.

Wie viele der frühen Gemeindebauten hat auch dieser etwas Festungsartiges. Ursprünglich war die Skulptur als freundlicher Gruß zur Straße hin aufgestellt. Diese mutierte aber

»Freunde« in der Wohnanlage Grünwaldgasse

in den Jahrzehnten seither zur Verkehrshölle. Dort, wo sich der Hof früher nach außen zum Gürtel hin öffnete, steht nun eine Lärmschutzwand aus Metall und Glas. Unsere Skulptur verschwand dahinter. Dabei hätte sie die Kraft, alle Mauern niederzureißen. Auch die der Sittenwächter, die die Darstellung des nackten Körpers schon wieder am liebsten verbieten möchten. Immerhin ist das Freundespaar nicht von Vandalismus gezeichnet. Das macht Hoffnung.

Freunde: 1050 Wien, Margaretengürtel 62-64, Grünwaldgasse 3-5
Linien 1, 6, 18, 62, 14A, S-Bahn, Badner Bahn › Matzleinsdorfer Platz
Jederzeit zugänglich

4. Keine Frage der Ehre

Das Grab des 2009 verstorbenen Bildhauers Alfred Hrdlicka befindet sich am Zentralfriedhof. Wir finden es aber nicht bei den Ehrengräbern für Künstler, denn Hrdlicka hat Zeit seines Lebens Ehrungen verweigert. Und so gereicht es ihm zu Ehren, auch im Tod Konsequenz bewiesen zu haben. Er zog es vor, bei seiner früh verstorbenen Frau Barbara begraben zu werden. Die Stadt aber ließ es sich nicht nehmen, dem Grab den Status des »ehrenhalber gewidmeten Grabs« zu verleihen.

Es ist schon erstaunlich, was die Friedhofsverwaltung hier an Nacktheit und Erotik erlaubt. Zwei Bronzegüsse, gefertigt nach Steinskulpturen, schmücken das Grab. Der aufrecht stehende »Gummitod« aus den Jahren 1974/75 zeigt eine nackte Frau in Stöckelschuhen. Hrdlicka interpretiert das alte Thema vom Tod und dem Mädchen, nachdem er in den Stripteaseclubs von Soho Tänzerinnen sah, wie sie mit einem Kunststoffskelett erotisch posierten. Die kraftvolle Frau reitet auf dem Oberschenkelknochen eines Skeletts und stemmt ihren rechten Absatz in den überdimensionalen Fuß des Gerippes. Doch ihr Widerstand scheint vergeblich zu sein, denn mit der linken Hand, die überraschenderweise aus Fleisch und Blut ist, zieht das Gerippe die Frau

machtvoll zu sich, während sein rechter Arm abwartend herabhängt. Sie hat sich dabei so sehr nach vorne gebeugt, dass beide Köpfe ununterscheidbar ineinander geschoben sind. An der eigentümlichen oberen Horizontalen ist noch der Stein zu erkennen, dem der Künstler durch »direct carving« unmittelbar die komplizierte Komposition bis an die vorgegebenen Grenzen des Materials eingeschrieben hat.

Von der Vanitasdarstellung geht der Blick zur zweiten Bronze, einem Torso von 1965 mit dem Titel »liegender Gladiator«. Dieser liegt am Rücken, erstarrt in einem Todeskrampf. So wurden die Unglückseligen von Pompeji aufgefunden. Bis auf seinen übergroßen linken Arm ist der Körper an all seinen Gliedmaßen verstümmelt. Dennoch ist der Rumpf derart angespannt, dass wir glauben könnten, es sei da doch noch Leben in diesem Mann. So düster die Themen auch oft waren, die Hrdlicka anging, ist doch immer auch ein starker Lebenshunger in seinem Werk spürbar. Und auch dieses Grab entlässt den Besucher mit der Mahnung, das eigene Leben wertzuschätzen.

Hrdlicka-Grabmal: 1110 Wien, Simmeringer Hauptstraße 234 (Zentralfriedhof Tor 2); Linien 11, 71 › Zentralfriedhof 2. Tor
Öffnungszeiten: Jänner, Februar 8:00 bis 17:00, März bis 18:00
April-September: bis 19:00, Oktober, 1. Nov., 2. Nov. (Allerheiligen, Allerseelen) 7:00 bis 18:00, ab 3. November, Dezember: 8:00 bis 17:00
Jeden Donnerstag (Mai bis August): 7:00 bis 20:00

5. Wimmelbild

»Kunst am Bau« hieß ein geniales Programm für die künstlerische Ausstattung der neu zu errichtenden Wohnbauten der Gemeinde Wien. Ein Prozent der Bausumme sollte den Mietern ein wenig Schönheit in den Alltag bringen. Gleichzeitig wurden hunderte Künstler unterstützt. Unglaublich, welche Schätze sich dadurch angehäuft haben. Heute zieht es uns zu einer Anlage mit zweistöckigen Gemeindebauten, die ganz von Bäumen umgeben sind. Man muss in diesem Park zwischen den vielen Häusern schon ein wenig suchen,

bis man den Riegel aus rotem Marmor im üppigen Grün entdeckt. Dabei ist das acht Meter lange und fast zwei Meter hohe Werk aus dem Jahr 1969 fast zu groß für den Hof. Um das ganze Werk gut betrachten zu können, braucht es einige Distanz. Beim Umrunden fällt auf, dass die Rückseite einem Wort in Buchstaben eines unbekannten Alphabets ähnelt. Von hinten sieht man auch gut, dass das Werk aus zehn Marmorblöcken besteht. Mit Hammer und Meißel ist es Rudolf Schwaiger gelungen, aus dem relativ schmalen Stein ein dichtes Figurengewimmel bei maximaler Ausnutzung des vorhandenen Materials zu erschaffen. Obwohl der Stein nur 30 Zentimeter dick ist, wirkt er nicht wie ein Relief, sondern wie eine Vollplastik. Der geringen Materialstärke zum Trotz wird Tiefe durch perspektivische Verkürzung imaginiert.

»Turnende Knaben« haben Aufstellung genommen, um uns ihre Künste zu zeigen. Aber wie Kinder eben sind, bricht schnell der Schalk durch. Sie posieren mit komischen Übertreibungen, lachen und schauen ernst, aber feixen auch herum. Manche schneiden Grimassen wie Bart Simpson beim Familienfoto. Die Köpfe sind so weit an den Rand geschoben, dass sie fast nicht mehr in den Stein passen. Die vibrierende Lebendigkeit der Körper überwältigt. Der Künstler schwelgt auf barocke Art in Rundungen und das gegen einen Zeitgeschmack, der die abstrakte Kunst bevorzugte. Seine

Knaben sind voller übermütiger Vitalität. Wieder einmal fällt auf, dass Nacktheit in der Kunst damals nicht als obszön empfunden wurde. Ob das heute auch noch so wäre? Schwaigers Tod mit 55 Jahren hat sein Schaffen viel zu früh beendet. Und der finanzielle Druck beim Wohnbau lässt nicht mehr viel Spielraum für »Kunst am Bau«. Nur die fröhlichen Knaben erfreuen die Anwohner weiterhin.

Turnende Knaben: 1190 Wien, Gugitzgasse 2 (Gemeindebau Börnerg. 3)
Linie 35A › Gustav-Pick-Gasse
Jederzeit zugänglich

Über den Autor

Der Autor wurde 1962 in Oberösterreich geboren und ging in Linz in die Schule. Schon in seiner Jugend begann er zu malen und zu zeichnen. Diese Leidenschaft führte zu einem Studium an der Universität für Angewandte Kunst an der Meisterklasse für Malerei bei Prof. Wolfgang Hutter, einem Vertreter des Phantastischen Realismus. Gleichzeitig mit seinen Studien der Kunstgeschichte und Philosophie entwickelte Bazinger auch ein intensives Interesse an Geschichte und ihrer Bedeutung für die Kunst und in der Kunst. Er ist überzeugt, dass die Freude an Kunstschönem durch die nähere Befassung mit seiner Entstehungsgeschichte vertieft werden kann. Dazu kann auch das Wissen um Produktionsprozesse mit ihren spezifischen Herausforderungen und den daraus folgenden Rückwirkungen auf das Werk beitragen. Letztlich können so erst die eigentlichen Besonderheiten wirklich erkannt werden.

Helmar Matthias Bazinger lebt als bildender Künstler in Wien. Sein künstlerisches Schaffen reicht von Malerei bis zur Bildhauerei in unterschiedlichsten Techniken.

www.bazinger.info

Die neue WildUrb Places-Edition

Wien & Umgebung

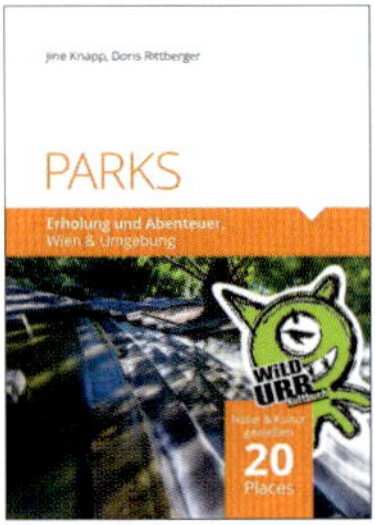